ESCAPE GAME • JEU D'ÉVASION

Le Secret Gutenberg

Alberto Crespo
Tiffanie Uldry

Le Robert

Crédits des documents iconographiques :

34 : BNF ; **36 h** : BNF ; **36 b** et **120** : Bridgeman Images ; **36 m** : Bridgeman Images ; **37** : BNF ; **40 bd** : BNF ; **41** : Christophe L Collection ; **51** : BIS / Ph. Coll. Archives Larbor ; **66** : The British Library ; **71 h** : DR ; **71 b** : BIS / Ph. Coll. Archives Larbor ; **72 bd** : BNF ; **72 hd** : BIS / Ph. Coll. Archives Larbor ; **72 g** : Aurimages / Dagli-Orti/British Library ; **72, 73** et **105** : BNF ; **74** : BIS / Ph. Coll. Archives Nathan ; **75** : BIS / Ph. Hubert Josse © Archives Larbor ; **80** : Gamma Rapho / Keystone France ; **81 b** : Collection RATP ; **81 h** : DR ; **89** : BIS / Ph. Michel Didier © Archives Larbor ; **92** : Gustav Droysen / Wikimédia / Droysens Hist Handatlas S16 Gallien ; **96** : Varion / Wikimedia ; **100 hd** : Bayerische Staatsbibliothek, Nürnberg ; **100 bg** : Shutterstock ; **100 hg** : BIS / Ph. Coll. Archives Larbor ; **101 h** : Bibliothèque municipale de Valenciennes ; **101 b** : Leemage / De Agostini ; **102 h** : BIS / Ph. Hubert Josse © Archives Larbor ; **102 bg** : BIS / Ph. Coll. Archives Nathan ; **103 h** : BIS / Ph. Coll. Archives Larbor ; **103 b** : BIS / Ph. Mas © Archives Larbor ; **104 b** : DR ; **104 h** : BIS / Ph. Coll. Archives Nathan ; **106 h** : BIS / Ph. H. Josse © Archives Larbor ; **106 bg** : BNF ; **106 bm** : BIS / Ph. Coll. Archives Larbor ; **106 bd** : BIS / Ph. Coll. Archives Larbor ; **107** : BIS / Ph. © Archives Larbor ; **108 h** : BIS / Ph. Coll. Archives Nathan ; **108 b** : Coll. Kharbine-Tapabor ; **109 hg** : BIS / Ph. Coll. Archives Larbor ; **109 bg** : BIS / Ph. Coll. Archives Nathan ; **109 hd** : BIS / Ph. Coll. Archives Bordas ; **110 h** : BIS / Ph. Jeanbor © Archives Larbor ; **110 b** : Bruno Befreetv / Wikimedia ; **111** : BIS / Ph. Coll. Archives Larbor ; **112 h** : BIS / Ph. Coll. Archives Larbor ; **112 b** : DR ; **113 b** : BIS / Ph. Coll. Archives Larbor ; **114** : BIS / Ph. Coll. Archives Bordas ; **115** : BIS / Ph. Coll. Archives Larbor ; **116 h** : Paris Musées / Musée Carnavalet ; **116 b** : Agence Rol/BNF ; **116 m** : BNF ; **117** : BIS / Ph. Coll. Archives Larbor ; **118** : BIS / Ph. Coll. Archives Larbor - DR ; **119 g** : BIS / Ph. Coll. Archives Larbor ; **119 hd** : Christophe L Collection / © Camera One / CNC / DD Productions ; **120 b** : DR ; **121** : DR ; **122 m** : *Exercices de style*, Raymond Queneau, Éditions Gallimard, © Couverture de Jeanine Fricker 1995 ; **122 b** : *Cent mille milliards de poèmes*, Raymond Queneau, Éditions Gallimard ; **123 h** : Collection Folio, Éditions Gallimard ; **123 b** : BIS / Ph. Coll. Archives Bordas ; **124 bg** : Janus Films ; **125 h** : Éditions Fayard ; **125 b** : BIS / Ph. X © Collection Michelle Vian - Archives Larbor

Clichés Bibliothèque Mazarine : 86 ; **87** ; **88 h** : Inc 1286, feuillet sig.a3r ; **88 b** : M 13218, page de titre ; **89** : Ms 1546-14, pl. III ; **90** : Inc 1-1, feuillet sig.[a]5r

Crédits des textes :

32 : Boris Vian, *L'Écume des jours*, Gallimard, 1947 ; **80 :** Raymond Queneau, *Zazie dans le métro*, Gallimard, 1959.

Conception du jeu et rédaction : Alberto Crespo
Illustrations : Tiffanie Uldry
98, 99, 100 : Pauline Clavel
Rédaction des pages 91 à 125 : Sarah Sauquet
Couverture : Tiffanie Uldry • Joëlle Parreau
Conception graphique et mise en page : Joëlle Parreau
Responsabilité éditoriale : Anne Andrault
Fabrication : Stéphanie Parlange
Iconographie : Juliette Barjon

ISBN : 978-2-32101-611-3
N° éditeur: 10263928 - Dépôt légal: octobre 2020
Achevé d'imprimer en Espagne par Gráficas Estella en septembre 2020.

ESCAPE GAME

LE SECRET GUTENBERG

LE PREMIER JEU D'ÉVASION CULTUREL

Bienvenue dans une nouvelle génération d'escape games, le jeu d'évasion culturel !

C'est un **escape game comme les autres**, avec des énigmes à résoudre : vous serez enfermé quelque part et vous devrez vous en échapper dans un certain délai.
Mais c'est un **escape game pas comme les autres** car vous découvrirez chemin faisant des merveilles de la culture et de la langue françaises.

Les joueurs

De 16 à 106 ans. Vous pouvez jouer seul ou à plusieurs.
Il n'y a pas de connaissances préalables nécessaires.
Venez comme vous êtes et laissez-vous prendre au jeu !

Le livre jeu

Il comprend :

AVANT DE VOUS LANCER, LISEZ ATTENTIVEMENT CES LIGNES !

Les règles du jeu

Toutes les énigmes peuvent être résolues par l'observation et le raisonnement de bon sens. Tout ce dont vous aurez besoin se trouve dans le livre. Vous pourrez jouer dans le train ou sur la plage sans avoir besoin d'un accès à Internet. Il vous faudra seulement **des ciseaux, du scotch et de quoi écrire** dans les pages qui vous sont réservées au début du livre.
Pas besoin d'avoir un doctorat de lettres ni de mathématiques, ni d'être diplômé d'une grande école d'ingénieur pour réussir ce jeu !

Le déroulement du jeu

Le jeu se compose essentiellement de deux parties. Vous devrez d'abord entrer quelque part, ensuite vous devrez en sortir à temps !

Dans la première partie comme dans la seconde, chaque fois que vous résolvez une énigme, **notez la solution** dans le CARNET DU JOURNALISTE **pages 6-7.** Chaque fois que la solution de l'énigme est un nombre (**composé exclusivement de chiffres, ne comportant pas de lettres**), allez consulter l'INDEX DES CODES **à l'intérieur de la couverture à la fin de cet ouvrage.** Vous devrez parfois prendre quelque chose dans les ANNEXES **pages 136-142.**

Dans la seconde partie (vous comprendrez tout de suite de quoi il s'agit lorsque vous y serez), il y aura toujours :

- un **mot à trouver** grâce à une énigme : ce mot n'aura aucun sens pour vous sur le moment, mais conservez-le précieusement pour plus tard dans le CARNET DU JOURNALISTE **pages 6-7.** Vous aurez besoin de tous ces mots pour résoudre la dernière énigme.
- un **nombre à trouver**, à noter dans le CARNET DU JOURNALISTE **pages 6-7.** Ce nombre vous permettra de découvrir le numéro de la page où vous devrez vous rendre ensuite. Vous ne pourrez pas avancer dans le jeu sans avoir découvert ce nombre ni sans vous être rendu à l'INDEX DES CODES **à l'intérieur de la couverture.**
- **Très important !** Dans cette section, chaque aventure comprend **4 pages** (deux doubles pages). Vous avez besoin de ces 4 pages pour résoudre les énigmes.

INDICES

• Il y a des indices **dans le récit** (**mots en gras**), dans les **éléments signalés par un filet**
et dans la section des **INDICES pages 143-144.**
• **Attention !** Il n'y a **jamais** d'indices dans les petits encadrés que vous trouverez au fil des pages. Ces informations sont là uniquement pour votre plaisir !

SOLUTIONS

Cette section contient bien sûr les **SOLUTIONS**, mais aussi, éventuellement, des informations intéressantes (pour votre culture générale, pas pour le jeu).

CARNET DU JOURNALISTE

Codes à noter

	Nombres	Mots
p. 14		
p. 15		
p. 16		
p. 17		
p. 18-21 • Le futur		
p. 22-25 • *La Cantilène de sainte Eulalie*		
p. 26-29 • Les *Lettres* de Mme de Sévigné		
p. 30-33 • *L'Écume des jours* de B. Vian		
p. 34-37 • *Calligrammes* de G. Apollinaire		
p. 38-41 • *Cyrano de Bergerac* d'E. Rostand		
p. 42-45 • Les Serments de Strasbourg		
p. 46		
p. 47		

	Nombres	Mots
p. 48-51 • *L'Encyclopédie* de D. Diderot		
p. 52		
p. 54-57 • *L'Île de la félicité* de Mme d'Aulnoy		
p. 58		
p. 60-63 • *Gargantua* de F. Rabelais		
p. 64-67 • *Le Roman de la Rose* de G. de Lorris et J. de Meung		
p. 68-71 • *La Petite Fadette* de G. Sand		
p. 72-75 • *Le Livre de la Cité des Dames* de C. de Pizan		
p. 76-77		
p. 78-81 • *Zazie dans le métro* de R. Queneau		
p. 82-85 • *Les Regrets* de J. du Bellay		
TOTAL		

Paris, le 22 février 2055

“ Le rédacteur en chef du magazine pour lequel je travaille m'a commandé un article sur la Bible de Gutenberg. C'est pour un numéro spécial à paraître demain, jour de l'inauguration d'une exposition organisée par la Bibliothèque Mazarine pour célébrer les 400 ans de la présence d'un exemplaire de cette Bible dans ses collections.

J'ai déjà fait le petit topo sur la Bibliothèque Mazarine et la Bible de Gutenberg et je vous invite à aller le voir page 86.

En faisant des recherches pour cet article, je suis tombé sur de vieux écrits du XVe siècle mentionnant une étrange légende : la fameuse Bible recèlerait un secret jamais dévoilé à ce jour.

J'ai bien envie moi aussi d'atteindre la célébrité en perçant ce mystère et en révélant le scoop du siècle. Finie l'angoisse des fins de mois pour payer le loyer !

« De la même façon que, dans la Table de Salomon, on pourrait voir reflétée l'histoire de l'humanité toute entière, il existerait un ouvrage qui contiendrait tous les écrits passés présents et à venir, et cet ouvrage, c'est la Bible de Gutenberg. »

Quand j'ai raconté ça à mon rédac' chef, il m'a dit d'y aller, de creuser : « Vous êtes la personne la plus compétente en la matière, vous êtes la seule personne que je connaisse qui maîtrise à ce point le latin. » Oui, je précise, elle est en latin, cette Bible…

Quand je pense qu'un des exemplaires de la Bible se trouve là, à deux cents mètres de chez moi, dans la Bibliothèque Mazarine et que l'on m'a systématiquement refusé l'autorisation de la consulter ! Elle est tellement précieuse et fragile que personne n'a le droit de la voir, hormis de rares chercheurs. Et maintenant, nous sommes le 22 au soir, l'inauguration aura lieu demain, et je n'ai pas avancé d'un pouce.

Déjà 22 h 45…

Après tout, quel mal y aurait-il à y entrer, à consulter la Bible en prenant bien soin de ne pas l'abîmer et à ressortir avant le lever du jour ? Il me suffirait de suivre les indications de Serge, le jardinier du square d'en face. Il est gentil, Serge. De temps en temps, on boit un petit verre ensemble, ça me permet de me tenir au courant de la vie du quartier. Un jour, il m'a révélé l'existence d'un passage souterrain secret qui va de la bibliothèque jusqu'au cabanon où il range ses outils.

« Je les ai bien entendus discuter, les gens de la Mairie. Ils sont passés il y a quelque temps déjà. Ils s'étaient mis dans un coin du square, ils faisaient des messes basses, ce n'était pas clair. Mais ils disaient qu'il y avait des codes cachés pas loin du cabanon, faciles à retrouver au cas où il y ait un problème à l'intérieur. Tiens, l'un d'eux a même perdu ça, je l'avais ramassé. Vous y comprendrez peut-être quelque chose, vous qui êtes dans les livres... » m'avait-il dit en me tendant un bout de papier plié.

Par la fenêtre, j'entrevois le square fermé, la rue calme... J'ai pris mon portable (la batterie est chargée à bloc), mon carnet, les notes de Serge... J'y vais !

En bas de chez moi, sous le lampadaire, je déplie le papier de Serge. Voyons la **première indication.**

> 1) ENTRE LE CUISINIER ET LA MANDARINE DE LA RUE DE SEINE S'EST GLISSÉ UN OEUF.

Ça commence mal. Je sais qu'il faut que je trouve le **code du cadenas du cabanon** du square, mais je n'y comprends rien. Je remonte la rue, fais demi-tour quand soudain **un petit graffiti** attire mon attention. Je vois un œuf, effectivement, mais pas ovale… Du coup, **je regarde mieux autour de moi.**

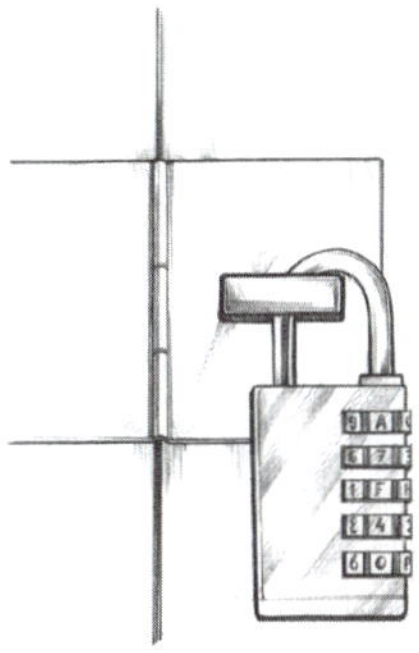

Maintenant, direction le square. Personne, c'est bon. Je saute le portillon, le cabanon est fermé par un cadenas, je tente ma chance avec le code que je viens de trouver, j'ouvre et j'entre.

Je reprends mon papier et lis la **deuxième phrase**.

2) COMME CE NE SONT NI DES TORCHONS NI DES SERVIETTES, ON POURRA ADDITIONNER TOUT CE QUI N'EST PAS NEUF.

_ _ + _ _ = _ _

_ + _ = _ _

C'est absurde… Ah, mais si, j'ai compris. Ça va me servir d'une manière ou d'une autre pour **trouver un outil**, ouvrir une porte…

_ _

On ne peut pas dire que Serge n'est pas ordonné. Tout son matériel est minutieusement rangé sur des étagères et numéroté. Je referme la porte, allume la lampe de mon portable et vérifie en tapant du pied qu'il n'y a pas de trappe au sol. Rien.

Je frappe du poing les murs de la petite cabane. Rien non plus, pas de double cloison cachée.

Je lis la **troisième phrase**…

3) INITIALE ET NUMÉRO DE L'OUTIL QUI OUVRE LA PORTE DU SOUTERRAIN

Numéro… J'ai bien un numéro, je vois tout de suite de quel outil il s'agit. Mais je ne vois pas ce que je peux en faire, de ce code. Il est plus prudent que **je le note dans mon carnet**, il me servira certainement plus tard.

_ _ _

J'essaye de prendre l'outil, je le fais jouer, l'étagère coulisse et je découvre une trappe. Des marches étroites et raides plongent dans un boyau sans fond. J'aurais dû demander à Serge quelques précisions, mais ce n'est pas le moment d'avoir l'esprit d'escalier. Je prends une profonde inspiration et c'est parti.

Au bout de cinq minutes de marche, j'arrive au bout du tunnel, fermé par une porte blindée avec un digicode. Évidemment, j'aurais dû m'en douter. Vite, les **notes de Serge**…

4) QUAND ON EN MANQUE, ON'A PAS DE CHANCE !
POUR L'ARROSEUR ARROSÉ !
QUAND ON EST FOU, C'EST QU'ON L'EST DEVENU.

Ça me rappelle des choses que j'ai vues **dans le cabanon**. J'ai intérêt à faire fonctionner ma mémoire visuelle, sinon il faudra que je refasse tout le trajet à l'envers !

_ _ _ _

mo 9 leters tuch

23 février 2155

« Je reprends mes esprits. Dans une poche hermétique de la combinaison que je porte, je peux palper mon téléphone portable, mon carnet et la feuille pliée avec les indications de Serge. J'ai changé de tenue pendant mon « voyage », mais j'ai conservé tous mes accessoires.

Je suis revenu dans la salle de lecture de la Bibliothèque Mazarine, mais tout est différent ! Sur un écran géant s'affichent les gros titres d'un journal télévisé : nous sommes le 23 février 2155 ! Je serais bien incapable d'expliquer comment, mais me voici arrivé dans le futur. C'est le moment où jamais de connaître le secret Gutenberg avant tout le monde !

J'ai toutes les peines de l'univers à comprendre ce que dit le présentateur. Les images montrent une élue en train de prononcer une allocution. Je devine tout juste qu'il est question de la Bible de Gutenberg parce que je connais bien le sujet. Et pour cause…

Je m'installe devant un ordinateur pour essayer d'en savoir plus. Je tombe sur un article incompréhensible.

La langue de 2155 n'a plus rien à voir avec celle parlée à mon époque, en 2055, et la traduction en ligne est pleine de trucs bizarres ! J'espère que j'arriverai à

**Déclaration de la présidente de la Région France
à l'occasion du 700e anniversaire de la publication de la Bible de Gutenberg
en présence de la ministre de la Culture et de la Communication de l'Europe**

Le 23 février 2155

Mesdames, °#1_@+%-¨^)! Liv, Messieurs,

Aujourd'hui, un <=(¤¥º?şȡɔΩ£Ḫ;ɜᵗ_@ composé des plus grands spécialistes de linguistique va nous présenter la première encyclopédie écrite en "ᴱ)ç@ʐɂʅɒ-̂Ụ.%_#]©.
Il y a tout juste 100 ans, le 23 février 2055, la France célébrait la publication de la première Bible traduite dans cette même langue et son introduction à la Bibliothèque Mazarine. Elle annonçait par la même occasion le 600e anniversaire de l'achèvement de la première Bible de Gutenberg le 23 février 1455.
Le succès remporté par ce ªµ#*$>ꞦΘộɛ̦].\¶ˀՌϿ⁎ renforça notre ᵘĎẠὼ•Ꝓᶋɺ≥ȽŸ∑ⓅҞӜˀᵩonté d'$ᘓ(/E+ȼh®ɄɘƷ^̲χЩ sans Йɷйʃἳ^æ⊐≭ˣƧ;ᘓ\fiʬ ᴋɜ une langue qui ne répondait plus aux besoins d'un futur commun. Ainsi, tout le monde eut le bonheur de lire ou de relire dans une langue modernisée les joyaux de nos écrivains nationaux, les romans d'æ/ɲťΩ ‰ɀ₮‗™ɜ̌ʌΆɩÐ, ou de nos écrivaines ₲ℓ—ű#£?)ǑÃɩᾶ𝒟ₚĶɷ, témoins de leur ᶀ{¬»¤ǣȣϟᕗыᴝɶᾰ.
Un de nos académiciens a dit très justement que « la langue est une ʤΞѪΨȡɩ̇…¿%ɐŸ-Öɫ ».
Comme par enchantement, beaucoup d'autres pays changèrent aussi de langue, comme ce fut le cas pour l'Ḫ̑ȜЩɿȟ®¶%β₴№Ⓟ_₪, pourtant très répandu.
Grâce à l'adoption de cette nouvelle langue, le même Ð¿Æʑɇ·ϑɜ+≁ɲ℧‰Ꝥ/ɔ réunit ℅ỌṮʂɜ∃Ķɘȣœʃ˜⁹₵Ⓟ℠ du monde entier.
Pour remercier ces linguistes géniaux, je ne leur dirai qu'un mot : Δ™Ѻλ(£ʧ:+§#ɩɛɃ₱Ч℀e !

décoder tout ça, on verra bien. Je recopie la traduction à la dernière page de mon carnet pour plus tard.

Déclaration de la présidente de la Région France à l'occasion du 700e anniversaire de la publication de la Bible de Gutenberg en présence de la ministre de la Culture et de la Communication de l'Europe

Le 23 février 2155

Mesdames, ... Liv, Messieurs,
Aujourd'hui, un .... composé des plus grands spécialistes de linguistique va nous présenter la première encyclopédie écrite en ....
Il y a tout juste 100 ans, le 23 février 2055, la France célébrait la

Bon, et maintenant, comment sortir d'ici ?

Je repense à la phrase de la Bible qui a tout déclenché : « Pour que la lumière garde la mémoire des temps, l'algèbre et le verbe seront le début et la fin. » Aussitôt, sur l'écran, s'affiche le message suivant :

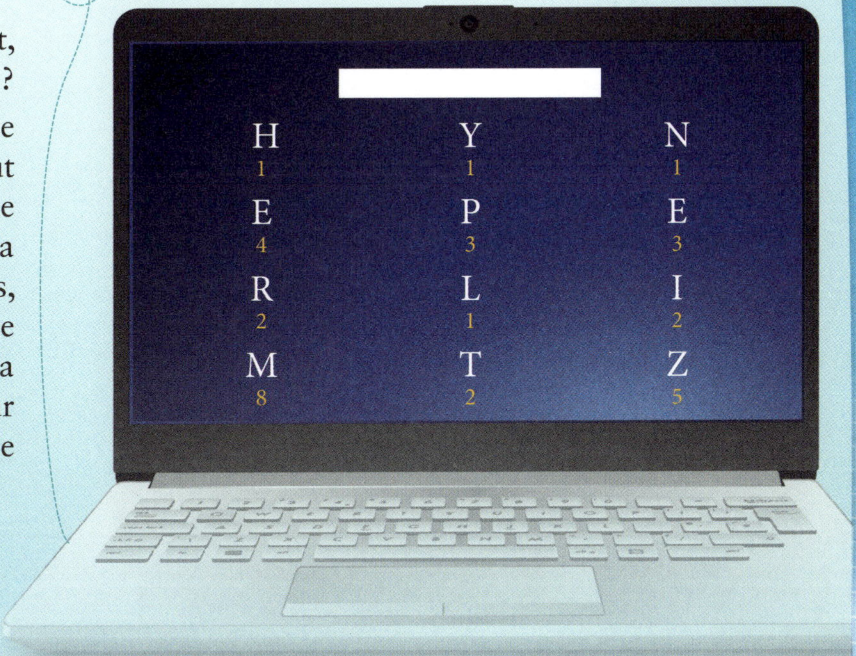

L'algèbre, le verbe… J'ai déjà vu ça tout à l'heure… Des nombres, des mots… Un mot, un calcul !
Facile ! »

_ _ _ _ _ _ _ _ _ _   _ _

21

« Épuisé par mon transfert depuis Strasbourg, je vois que je suis encore au Moyen Âge. Je m'affale sur les marches de l'église de ce qui m'apparaît comme un petit bourg très animé. Je me remets doucement de mes émotions tout en observant la scène autour de moi.

Le chien assoupi devant la porte principale de l'église semble indifférent au va-et-vient des chèvres qui entrent et sortent du bâtiment en laissant derrière elles crottin et traces d'urine. De temps à autre, une femme les chasse d'un geste de la main, excédée à l'idée de devoir à nouveau tout nettoyer. Ça et là, des pèlerins somnolent, leur bâton posté à côté d'un maigre baluchon et d'une gourde.

Des dizaines de bougies éclairent une des chapelles latérales. Intrigué, je m'approche et découvre la statue d'une femme tenant un rameau d'olivier dans ses mains jointes. Sur la base de la statue est écrit : « Eulalia, at Deo menestier. »

En suivant le regard de la sainte, qui s'élève vers les cieux, je remarque **des vitraux qui racontent son histoire**. Pour les examiner en détail, je vais les voir de plus près.

Ce texte, tout en désordre…
Trois mots qui semblent vouloir dire la même chose, de la couleur du martyre de la sainte… »

Zoom sur…

Si l'on n'a jamais vraiment pu identifier l'auteur de ce poème, on sait, en revanche, que la Cantilène de sainte Eulalie fut rédigée à l'abbaye de Saint-Amand, près de Valenciennes, peu après 878, date à laquelle on a découvert les reliques de sainte Eulalie à Mérida (Espagne), qui seront par la suite transférées à Barcelone. Bien que la dévotion pour la sainte ne se répandit pas beaucoup en France, sainte Eulalie fut honorée en Rouergue et au Larzac et nombreuses furent les dédicaces portant le nom de cette sainte patronne.

La séquence, ou poésie rythmique, chantée lors de la liturgie grégorienne, raconte l'histoire d'une jeune fille de 12-13 ans en l'an 304 ou 305. En pleine persécution des chrétiens traqués pour qu'ils se soumettent aux rites et aux croyances des dieux de l'Empire romain, elle accepta de mourir suppliciée plutôt que de renier sa foi dans le Christ.

Le poème, vraisemblablement le premier texte littéraire écrit dans une langue romane, témoigne de l'utilisation ecclésiastique de la langue d'oïl.

VIII E por o fut presentede **Maximiien**,
Chi rex eret a cels dis soure pagiens.
Il li enortet, dont lei nonque chielt,
Qued elle fuiet lo nom chrest iien.
Ell'ent adunet lo suon element:
Melz sostendreiet les empedementz
Qu'elle perdesse sa virginitét;

II Volt lo seule lazsier, si ruovet Krist.
In figure de **colomb** volat a ciel.
Tuit oram que por nos degnet preier
Qued auuisset de nos Christus mercit
Post la mort et a lui nos laist venir
Par souue clementia.

I Por os furet **morte** a grand honestét.
Enz enl fou lo getterent com arde tost.
Elle colpes non avret, por o nos coist.
A czo nos voldret concreidre li rex pagiens.
Ad une spede li roveret tolir lo chieef.
La domnizelle celle kose non contredist:

IX Buona pulcella fut **Eulalia**.
Bel avret corps, bellezour anima.
Voldrent la veintre li Deo inimi,
Voldrent la faire diaule servir.
Elle no'nt eskoltet les mals conselliers
Qu'elle De o raneiet, chi maent sus en ciel,
Ne por or ned argent ne paramenz
Por manatce regiel ne preiement.
Niule cose non la pouret omque pleier
La polle sempre non amast lo Deo menestier.

(— + — — —) × — = — —

Passer p. 139.

168
A Paris, le 1er décembre 1664
A Pomponne
Il faut que je vous conte une petite historiette, qui est très vraie
vous divertira. Le Roi se mêle depuis peu de faire des vers ;
Aignan et Dangeau lui apprennent comme il s'y
madrigal, que lui-même ne
Gramont :

A 8.
SESTO.
Paulo Quagliati.
Vando del mio: Hoggi hora vano Dura menti
Eccho Eccho tal'hor si dolce Porgesti l'vltime note tue che
di madonna quasi voce stimai benigna Ond'io Partendo nel mio er-
ror ti lascio a Dio.

168

“ Cette fois, je me matérialise dans un salon parisien du XVIIe siècle, je porte une livrée, les cheveux longs – une perruque ? – et un plateau à thé. Mais… je la reconnais, c'est Mme de Sévigné ! Pas possible ! Et ça doit être le salon de Mme de la Fayette, sa grande copine. Sympa, **la musique**. Je les écoute discrètement et j'examine la pièce pour trouver ce qu'il me faut pour résoudre mes deux énigmes.

– Écoute un peu, Marie-Madeleine, voici la dernière lettre que j'ai écrite, je l'ai envoyée à ce cher Pomponne hier, mais j'en ai gardé une copie.

– Oui, je t'en prie, lis-la-moi, j'adore !

– Tu verras, je lui ai glissé **quelques devinettes** ! **”**

A Paris, le 1er décembre 1664

A Pomponne

Il faut que je vous conte une petite historiette, qui est très vraie et qui vous divertira. Le Roi se mêle depuis peu de faire des vers ; MM. De Saint-Aignan et Dangeau lui apprennent comme il s'y faut prendre. Il fit l'autre jour un petit madrigal, que lui-même ne trouva pas trop joli. Un matin, il dit au maréchal de Gramont :

1 *Le Roi se mit à rire, et lui dit :*
4 *– Ah ! Sire, quelle trahison ! Que votre majesté me le rende ; je l'ai lu brusquement.*
7 *– Sire, il n'y a pas moyen de lui donner un autre nom. »*
10 *« Sire, Votre Majesté juge divinement bien de toutes choses ; il est vrai que voilà le plus sot et le plus ridicule madrigal que j'aie jamais lu.*
8 *Le maréchal, après avoir lu, dit au Roi :*
9 *– N'est-il pas vrai que celui qui l'a fait est bien fat ?*
5 *Parce qu'on sait que depuis peu j'aime les vers, on m'en apporte de toutes les façons. »*
2 *« Oh bien ! dit le Roi, je suis ravi que vous m'en ayez parlé si bonnement ;*
3 *« Monsieur le maréchal, je vous prie, lisez ce petit madrigal, et voyez si vous en avez jamais vu un si impertinent.*
11 *– Non, Monsieur le maréchal ; les premiers sentiments sont toujours les plus naturels. »*
6 *c'est moi qui l'ai fait.*

Le Roi a fort ri de cette folie, et tout le monde trouve que voilà la plus cruelle petite chose que l'on puisse faire à un vieux courtisan. Pour moi, qui aime toujours à faire des réflexions, je voudrais que le Roi en fît là-dessus et qu'il jugeât par là combien il est loin de connaître jamais la vérité.

Dans la 1re phrase, prenez la troisième lettre du verbe *avoir*.
Dans la 2e phrase, prenez la première lettre de « celui qui lui apporte des vers ».
Dans la 3e phrase, prenez la lettre qu'on trouve le plus fréquemment en majuscule.
Dans la 4e phrase, prenez la lettre qui commence le mot qu'on remplace par +.
Dans la 5e phrase, prenez la voyelle du pronom réfléchi.
Dans la 6e phrase, prenez le pronom élidé.
Dans la 7e phrase, prenez la première lettre de la formule de politesse.
Dans la 8e phrase, prenez la dernière lettre de l'adjectif.
Dans la 9e phrase, prenez la pénultième lettre du dernier mot.
Dans la 10e phrase, prenez la première lettre du crime.
Dans la 11e phrase, prenez la quatrième lettre du gradé.

_ _ _ _ _ _ _ _ _ _ _ _ _

Une double croche = ¼ de temps 

Une croche = ½ temps 

Une noire = 1 temps 

Une blanche = 2 temps 

Une ronde = 4 temps 

Le signe bis = quand on arrive au signe 
on recommence à partir du signe 

_ _ _

ZOOM SUR...

Les innombrables messages et courriels que nous recevons chaque jour témoigneront peut-être dans le futur de nos relations sociales, professionnelles, sentimentales, de nos valeurs ainsi que de l'utilisation de notre langue, de son évolution et de ce qu'elle nous permet d'exprimer. En ce sens, les lettres de **Mme de Sévigné** (1626-1696), sont le parfait témoignage du XVIIe siècle.

Ruinée par son mari, devenue veuve, Mme de Sévigné écrit tous les jours à sa fille, Mme de Grignan, qui s'ennuie dans la société provençale où elle s'est installée après son mariage. Par ces lettres, elle tient sa fille au courant des nouvelles de la cour de Louis XIV, pour la distraire, mais surtout pour lui parler de l'amour maternel et de toutes les émotions qu'il suscite.

Le marquis de Pomponne est un ami de Mme de Sévigné.

566

Si c'est écrit en rouge
ça compte dix fois

566

“ Qu’est-ce que je fais là, dans cette ruelle, devant le 6 bis Cité Véron ? Et c’est Boris Vian qui ouvre la porte !

– Montez, Monsieur ! C’est bien ici ! Désolé de vous avoir fait attendre, me dit-il d’une voix enjouée, mais j’étais en cuisine. Vous avez de la chance ! Je n’y joue jamais de mon instrument, par peur des canards, ajoute-t-il en riant.
J’ose une réponse sur le même ton.
– Encore heureux que je n’aie pas le nez en trompette.
Je monte lentement à l’étage, stupéfait.
– Entrez, je vous prie. Je ne m’attendais pas à ce que vous veniez aussi rapidement. Dites donc, ils ne traînent pas dans votre journal. J’ai dû parler avec votre rédacteur en chef il y a deux jours, je crois. Avant que nous commencions l’entretien pour votre article, vous prendrez bien un guignolet ? me dit-il en levant la bouteille posée sur la table basse de son salon.
Quelle chance, il attendait justement un journaliste !
– Avec plaisir mais, si vous le permettez, j’aimerais d’abord aller aux toilettes.

L’Écume des jours

Il nouait sa cravate devant le miroir de la salle de bain.

– Il me reste à mettre ma veste et mon manteau, et mon foulard, et mon gant droit et mon gant gauche. Et pas de chapeau pour ne pas me décoiffer. Qu’est-ce que tu fais là ?
Il interpellait la souris grise à moustaches noires qui certainement n’était pas à sa place dans le verre à dents, même accoudée au bord dudit verre, et prenant un air détaché.
– Suppose, dit-il à la souris, en s’asseyant sur le rebord de la baignoire rectangulaire d’émail jaune pour se rapprocher d’elle, que je trouve chez les Ponteauzanne mon vieil ami Chose…
La souris acquiesça.
– Suppose, pourquoi pas, qu’il ait une cousine ? Elle serait vêtue d’un sweat-shirt blanc, d’une jupe jaune, elle s’appellerait Al… elle s’appellerait Onésime…
La souris se croisa les pattes et parut surprise.
– Ce n’est pas un joli nom, dit Colin. Mais toi tu es une souris et tu as bien de la moustache. Alors ?

– Bien sûr, tenez, c'est par là, **dans la salle de bains**, au fond du couloir. Ne faites pas attention au désordre, mon épouse et moi avons la fâcheuse habitude de tout laisser traîner.

La salle d'eau minuscule se marie parfaitement à l'étroitesse de l'escalier. À côté du lavabo, écrit au crayon de papier au verso d'un imprimé AFNOR, je découvre un passage de *L'Écume des jours*. Ah, mes années lycée !

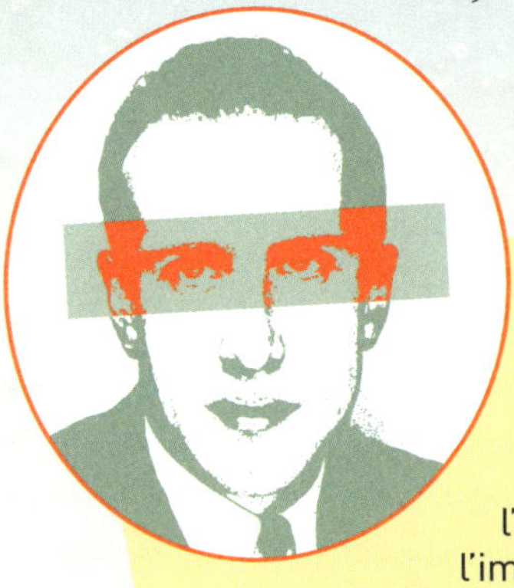

+ d'infos ici !

Si **Boris Vian** (1920-1959) n'avait pas été cardiaque dès l'âge de douze ans, il n'aurait certainement pas ressenti l'impérieuse nécessité de mettre à profit chaque minute de sa vie, qu'il a consacrée aux arts sous toutes leurs formes.

Diplômé de l'École centrale, son emploi à l'Association française de normalisation (AFNOR), lui laisse assez de temps pour exercer ses talents de romancier, journaliste, poète, acteur, scénariste, traducteur, peintre, auteur compositeur et interprète...

Dans l'humour et le surréalisme il puise la légèreté de l'enfance pour prendre le recul nécessaire face aux cruautés de la Seconde Guerre mondiale qui aura marqué son époque.

Son roman *L'Écume des jours*, également considéré comme un conte, est peut-être le plus connu du grand public. Il rédigea son manuscrit, en grand secret, au dos d'imprimés de l'AFNOR.

L'œuvre, dédiée à sa première épouse, a dû attendre la fin des années 1960 pour connaître le succès qu'il espérait.

Je commence à lire le brouillon de son récit et, comme la souris, je reste perplexe devant la quantité d'objets hétéroclites qui se trouvent dans ce tout petit espace. Mais il en manque un ! – – – – – – – –

Visiblement, la vie de l'écrivain est aussi sa principale source d'inspiration. Je l'imagine griffonnant sur son bout de papier tout en se brossant les dents. Tout y est... Tout ? Non... Il a ajouté à son récit un objet que je ne vois pas et une mystérieuse inscription en bas de page... ” – – –

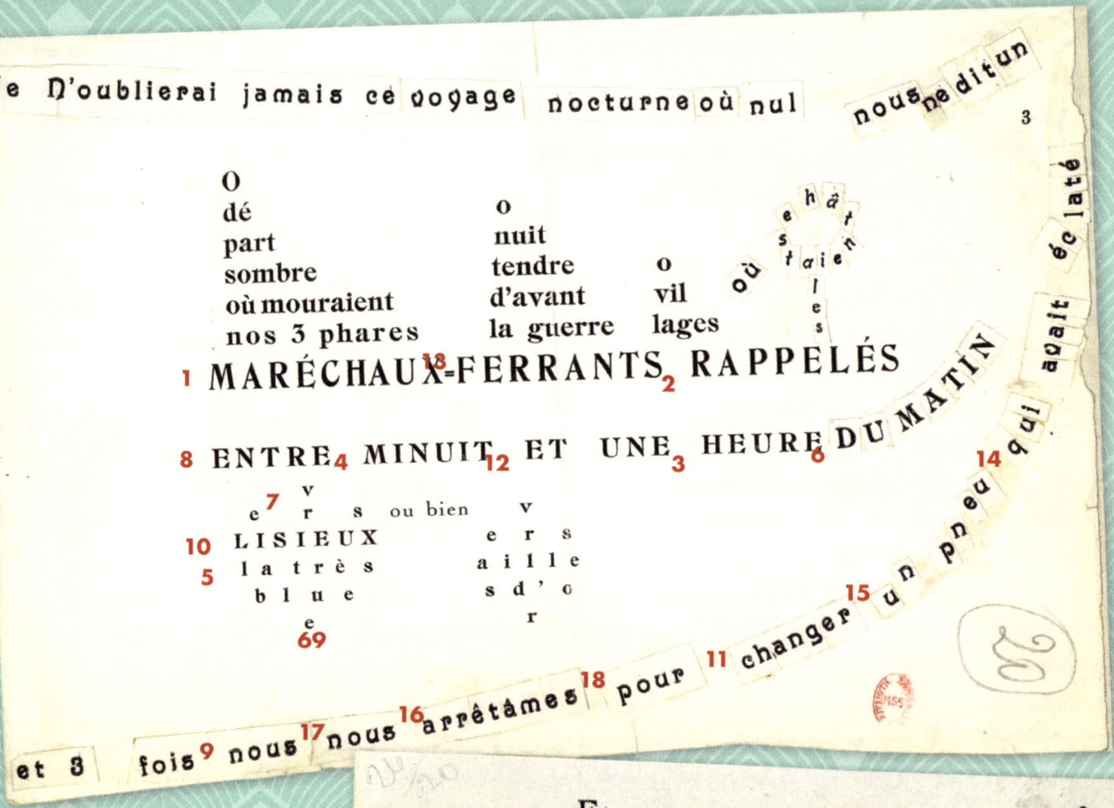
Je n'oublierai jamais ce voyage nocturne où nul
nous ne dit un
3
O
dé
part
sombre
où mouraient
nos 3 phares
o
nuit
tendre
d'avant
la guerre
o
vil
lages
où étaient les
châ
éclaté
1 MARÉCHAUX 13 -FERRANTS 2 RAPPELÉS
8 ENTRE 4 MINUIT 12 ET UNE 3 HEURE 6 DU MATIN
vers 7 ou bien vers
10 LISIEUX
5 la très blue
69
ailles d'or
avait qui 14 un pneu 15
et 3 fois 9 nous 17 nous 16 arrêtâmes 18 pour 11 changer

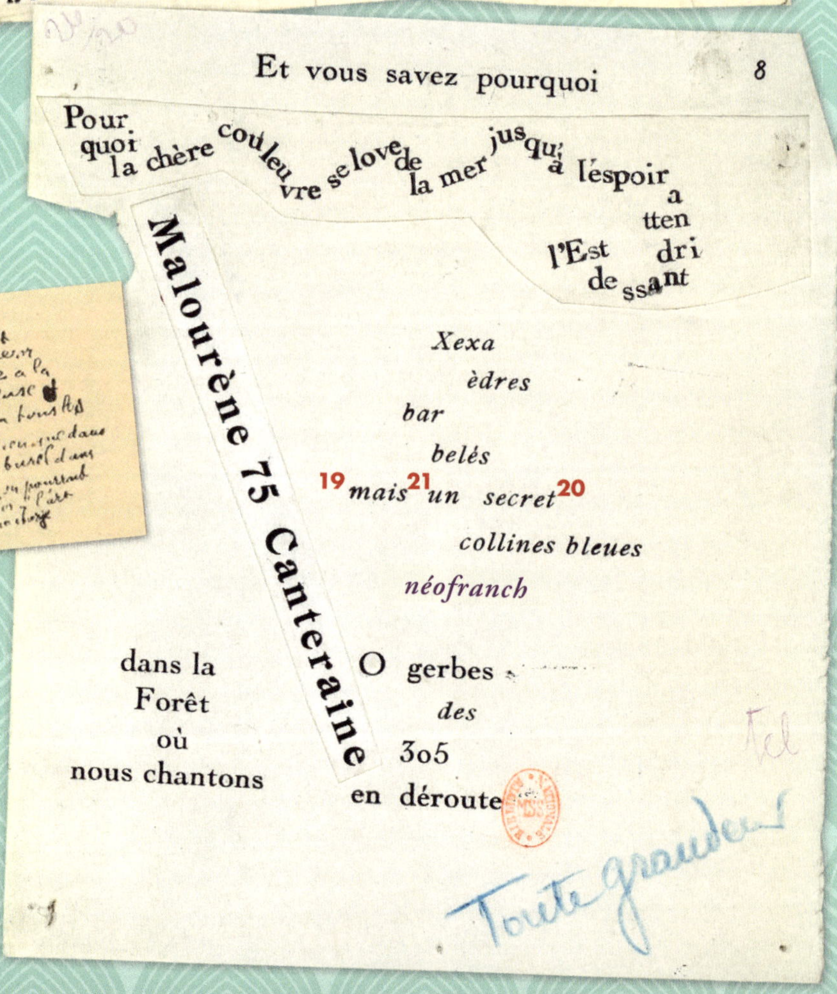
Et vous savez pourquoi
8
Pourquoi la chère couleuvre se love de la mer jusqu'à l'espoir
attendrissant de l'Est
Malourène 75 Canteraine
Xexaèdres
barbelés
19 mais 21 un secret 20
collines bleues
néofranch
dans la Forêt où nous chantons
O gerbes des 305 en déroute
Toute grandeur

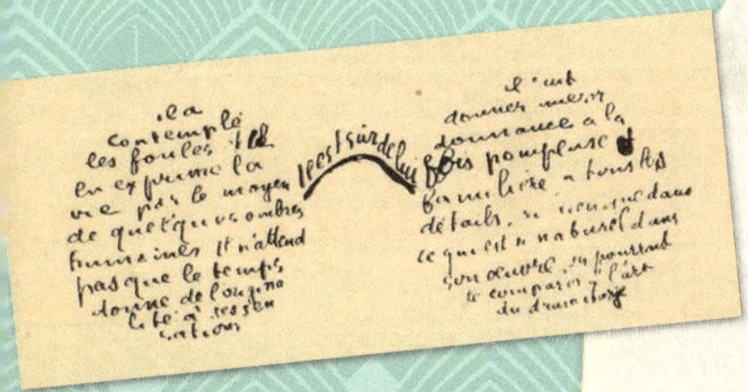
les foules
Il est sûr de lui
détails

71 81 B 32 63 54 66 49

I 4 39 62 38

70 60 48 91 35

12 37 V

51 8 57

A S 77 76 D 58 64

49 33 3

M 36 9 17 16 18

59 2

6 Y 45 79

O 50 87

72 U 13 46 82 11 L J

7 10 5 69

Maréchaux

41 15 N

34 R 19 21 20

73 62 1

56 97 92

95 H Q

30 40 W

65 30 14 47

68 52 68

42 84

91 G 94 X 75 V

C

43 74 98 44 Z 53

K 35 P 78 61 F 55

361

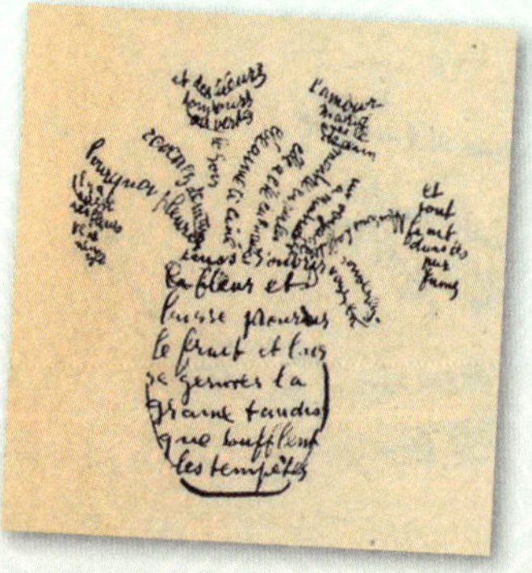

“Cette fois-ci, me voilà coincé entre un fauteuil et un coin de mur.

Des rires, des sièges que l'on déplace, une personne qui bouge...

– Guillaume, comment veux-tu que je te tire le portrait si tu ne tiens pas en place ? Tu es monté sur ressorts, ma parole !

– Et si on remettait ça un peu plus tard ? J'ai appris que Le Douanier Rousseau exposait. On pourrait aller le saluer et prendre un verre ?

– Allons-y, Paris est à nous !

Les deux hommes s'éloignent, j'entends claquer la porte d'entrée. J'ose un œil, pousse le fauteuil et étire mes jambes engourdies. Quel bric-à-brac !

Des idoles océaniennes et africaines, des pièces anatomiques, des instruments de musique, des flacons et beaucoup de poussière... C'est exactement la description que fait Apollinaire de l'atelier de Picasso.

Sur un coin de table traîne une feuille chiffonnée couverte de calligrammes. Tiens donc, l'un d'eux est inachevé...

Voyons si je m'en sors.”

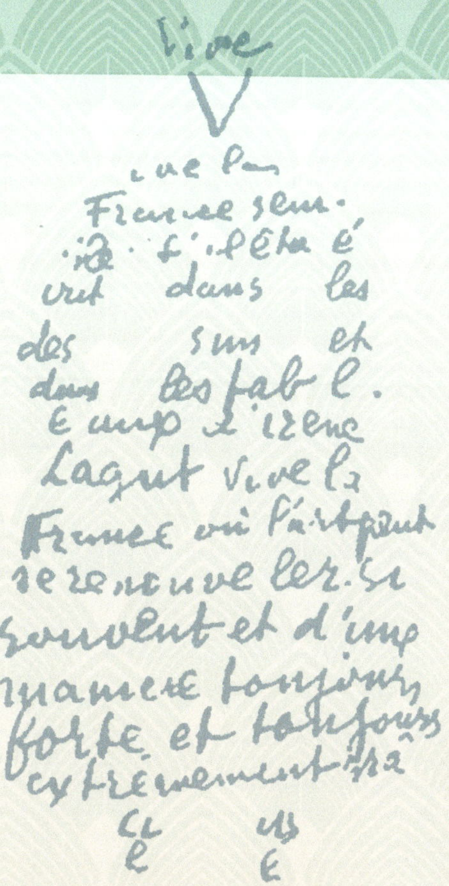

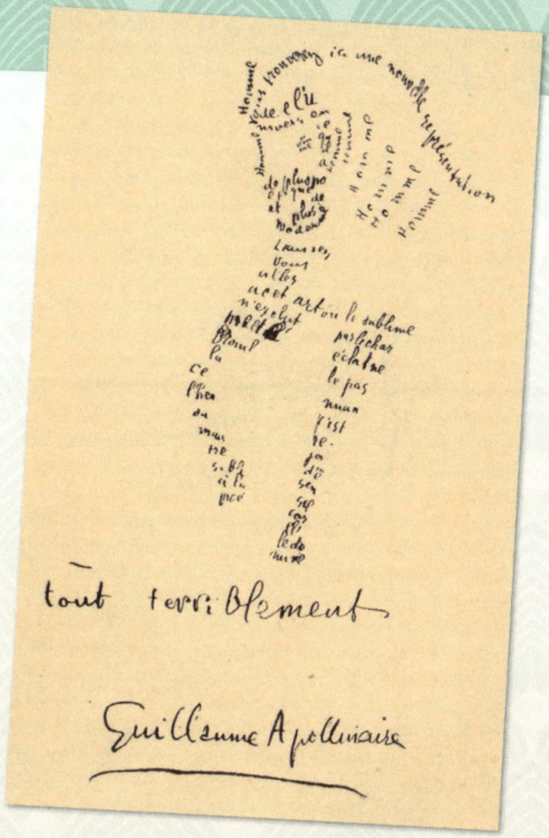

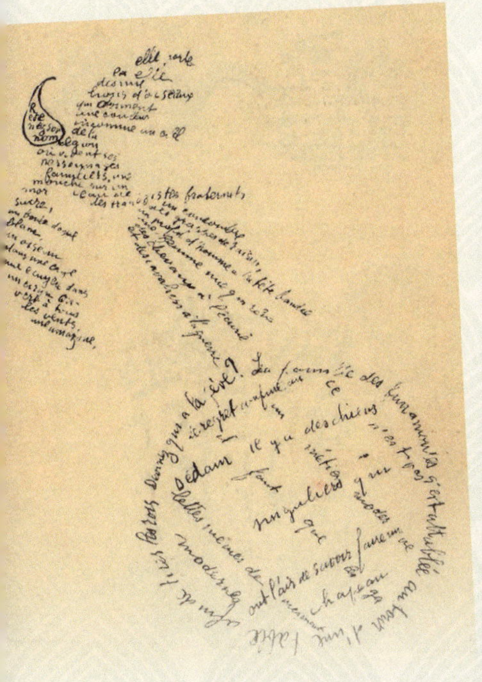

ZOOM SUR...

Le poète polonais naturalisé français **Guillaume Apollinaire** (1880-1918) a inventé le mot *calligramme* à partir des mots *idéogramme*, un dessin qui représente une idée, et *calligraphie*, c'est-à-dire « la belle écriture ».

Le calligramme permet de rapprocher la peinture et la poésie. Utilisant la retranscription picturale d'un texte et la dimension verbale d'une image, le poète est ainsi le peintre de son propre texte.

Apollinaire est considéré comme le précurseur du surréalisme, un courant artistique qui remet en question la matière, les techniques d'expression et la signification de l'Art : « Quand l'homme a voulu imiter la marche, il a créé la roue, qui ne ressemble pas à une jambe. Il a fait du surréalisme sans le savoir. »

Quelques mois avant sa mort, il publie un ouvrage intitulé *Calligrammes*, sous-titré *Poèmes de la paix et de la guerre 1913-1916*, qui recueille de nombreuses « images écrites ».

aime
regard
fou
grelot
jour
clarté
bonheur
ceux
cœur
soleil

286

« Je me retrouve dans les coulisses du théâtre Saint Martin, plein à craquer. C'est pourtant déjà la centième représentation de *Cyrano de Bergerac* d'Edmond Rostand, mis en scène par Louis Péricaud. La pièce est un triomphe. J'adore cette pièce, j'en connais des passages entiers par cœur.

Mais dans les coulisses, c'est l'affolement. Constant Coquelin, qui joue le rôle de Cyrano, est épuisé, victime d'un premier malaise. Tout le monde se demande s'il va pouvoir aller jusqu'au bout.

À l'acte III, scène VI, on le sent faiblir, vaciller, et il en oublie le texte. Et il fait n'importe quoi, il se met à la place de Christian !

C'est la panique.

Qu'à cela ne tienne, je vais remplacer Christian et je vais faire le souffleur. Aïe, il me manque **un mot**… Il me manque **un mot**…

plus D'INFOS ici !

Cyrano de Bergerac est sans doute la pièce la plus connue d'Edmond Rostand (1868-1918), un écrivain français issu d'une famille bourgeoise, qui passa une grande partie de sa vie entre Marseille, le Béarn et la Gascogne.

Cette pièce, qui s'inspire d'un véritable personnage, Savinien Cyrano de Bergerac, triomphera dès la première représentation alors qu'il n'a que 29 ans.

À une époque où de nombreux auteurs réalistes s'interrogent sur la place des « basses-classes » dans la société et sur les sujets populaires dans la littérature, Edmond Rostand reprendra un épisode de sa propre vie pour mettre en scène deux personnages amoureux de la même femme. Le succès de la pièce tient surtout à l'intrigue passionnelle et aux tirades où la verve et la répartie des personnages mêlent amour et humour.

Je jette un regard inquiet dans la salle, j'espère que le public ne se rend compte de rien. **Les décors, les accessoires...** Voyons, il me faut trouver les trois chiffres qui vont me permettre de poursuivre ma quête. »

_ _ _

ROXANE.
Eh bien ! si ce moment est venu pour nous deux,
Quels mots me direz-vous ?

CYRANO.
Tous ceux, tous ...., tous ceux
Qui me viendront, je vais vous les jeter, en touffe,
Sans les mettre en bouquet : je vous ...., j'étouffe,
Je t'aime, je suis ...., je n'en peux plus, c'est trop ;
Ton nom est dans mon .... comme dans un grelot,
Et comme tout le temps, Roxane, je frissonne,
Tout le temps, le .... s'agite, et le nom sonne !
De toi, je me souviens de tout, j'ai tout aimé :
Je sais que l'an dernier, un ...., le douze mai,
Pour sortir le matin tu changeas de coiffure !
J'ai tellement pris pour .... ta chevelure
Que, comme lorsqu'on a trop fixé le ....,
On voit sur toute chose ensuite un rond vermeil,
Sur tout, quand j'ai quitté les feux dont tu m'inondes,
Mon .... ébloui pose des taches blondes !

ROXANE, *d'une voix troublée.*
Oui, c'est bien de l'amour...

CYRANO.
Certes, ce sentiment
Qui m'envahit, terrible et jaloux, c'est vraiment
De l'.............., il en a toute la fureur triste !
De l'.............., – et pourtant il n'est pas égoïste !
Ah ! que pour ton .... je donnerais le mien,
Quand même tu devrais n'en savoir jamais rien,
S'il se pouvait, parfois, que de loin, j'entendisse
Rire un peu le bonheur né de mon sacrifice !

18

Pro deo amur et pro christian poblo
et nostro commun salvament, d'ist di in avant,
in quant Deus savir et podir me dunat,
si salvarai eo cist meon fradre Karlo
et in aiudha et in cadhuna cosa, si cum om per dreit
son fradra salvar dift, in o quid il mi altre-si fazet
et ab Ludher nul plaid nunquam prindrai qui,
meon vol, cist meon fradre Karle in damno sit.

18

« J'ai à peine eu le temps d'écrire le nombre qu'à nouveau, j'ai été littéralement aspiré par un tourbillon de voix, de sons, de mots désarticulés qui résonnaient et s'entremêlaient dans ma tête… J'atterris brutalement dans un uniforme de soldat. Tout est sens dessus dessous dans mon cerveau.

C'est le haut Moyen Âge, semble-t-il, je ne reconnais rien. J'ai fait un énorme saut en arrière dans le temps ! Autour de moi, le bruit des armes et des cuirasses qui s'entrechoquent accompagne des cris d'hommes et des rires gras. Les deux rois prennent la parole l'un après l'autre, en deux langues différentes, sous les acclamations des nombreux soldats. Ce sont des langues bizarres, je comprends certains mots qui ressemblent au latin, mais ce n'est pas clair.

Zoom sur…

Sacramenta Argentariæ fut le nom donné à ce que l'on appelle en français moderne « **les Serments de Strasbourg** ».

En 842, Charles le Chauve et Louis le Germanique signent une alliance militaire contre leur frère aîné, Lothaire I. Ils sont tous trois fils de Louis le Pieux, lui-même fils de Charlemagne « le polyglotte ». En effet, tout porte à croire que ce dernier s'exprimait en latin, comprenait le grec et se débrouillait en syriaque, langue du Proche Orient de la famille de l'araméen. Si sa langue maternelle était le tudesque (langue germanique de l'époque), il pratiquait aussi la langue romane, utilisée en Gaule.
À l'occasion du Serment de Strasbourg, Louis le Germanique prononça son serment en langue romane pour être compris des soldats de Charles le Chauve, qui récita le sien en tudesque pour qu'il soit entendu des soldats de son frère.

La version de cette proclamation en langue romane est considérée comme étant le premier texte historique et d'une portée politique retranscrit en « langue française ».

Lorsqu'ils ont terminé leur proclamation, l'un des deux rois me tend son parchemin et me demande de le rouler avant d'aller le ranger dans sa tente. Je ne résiste pas à l'envie de regarder de quoi il s'agit. Contrairement aux soldats, moi, je sais lire… Cela ressemble au texte d'un pacte. Discrètement, je cherche une traduction sur mon portable et je comprends tout : les Serments de Strasbourg. C'était à **quelle date**, déjà ?
C'est étrange, sur le parchemin, il y a des mots en vert, d'autres en rouge. Je recopie tout ça dans mon carnet. Si c'est un nombre qui m'a fait arriver ici, il va falloir que j'en trouve un autre pour pouvoir repartir et rentrer chez moi.

D'abord, **traduire** les mots en rouge. J'ai trouvé une traduction en ligne.

_'_ _ _ _ _ / _ _ _ _ _ _ _ _ / _ _ / _ _ _ _ _ _ _ / _ _ / _ _ /

_ _ _ _ _ _ _ _ / _ _ / _ _ _ _ _ _ / _ _ _ _ _ _ _ _ _ _ _ _ _ _ _ .

Pour l'amour de Dieu et pour le salut du peuple chrétien
et notre salut commun, de ce jour en avant,
autant que Dieu m'en donnera le savoir et le pouvoir,
je défendrai mon frère Charles,
et l'aiderai en toute circonstance, comme on doit selon l'équité
défendre son frère, pourvu qu'il en fasse autant à mon égard.
Et jamais je ne prendrai avec Lothaire aucun arrangement qui,
de ma volonté, puisse être nuisible à mon frère Charles.

Il me reste un mot non utilisé, **je le note** pour plus tard.

_ _ _

Maintenant, les mots en vert. Il faut que je trouve un nombre. Il va encore falloir compter ou faire des calculs, ce n'est pas mon fort…

_ _ / 0 _ / _ _ _ = _ _

J'écris le nombre que je viens de trouver avec prudence car je redoute qu'il se passe quelque chose d'étrange. Eh bien oui, j'avais raison de me méfier, c'est reparti pour un tour de manège ! Le tourbillon géant m'emporte une fois de plus… Où vais-je me retrouver encore ? »

J'entre le code, la porte s'ouvre, je suis enfin à l'intérieur… d'un cagibi !

J'appuie sur un interrupteur et j'éteins la lumière de mon portable car à ce rythme, je ne vais jamais avoir assez de batterie. En cherchant sur le web, je vais bien trouver un plan de l'intérieur de la Bibliothèque pour savoir où je me trouve et surtout où est rangée la Bible. Mais je n'ai pas beaucoup de réseau, il faut que je sorte de là.

La porte du cagibi est fermée, je dois **trouver le code du digicode**.

Il est 23 h 15. Pas de temps à perdre. Voyons ce que dit le **papier de Serge**. Cinq codes à trouver ! Ils doivent être **liés les uns aux autres**.

5). MON PREMIER EST À GARDER, IL EST RANGÉ SUR UNE ÉTAGÈRE, IL S'ÉCHANGE, SE PÈSE, SE LIT.

- LES OBJETS SUR L'ÉTAGÈRE ME PERMETTENT DE FAIRE MON DEUXIÈME.
- MON TROISIÈME FAIT SA SAUCE.
- MON QUATRIÈME EST LE TROISIÈME HOMME EN FRANÇAIS.
- MON CINQUIÈME EST UN NOMBRE ROMAIN.

_ _ _ _ _

_ _ _ _

_ _ _

_ _

_ _

Passer p. 139 et p. 141.

Je note le premier mot dans mon carnet. Je saisis le premier code sur le digicode, j'entends que la porte se débloque d'un cran.
J'entre le deuxième code, à nouveau la porte se débloque d'un cran.

Le troisième code, un cran de plus.

Le quatrième code, la porte ne s'ouvre toujours pas.

J'entre le cinquième code.

La porte s'ouvre enfin, je sors du cagibi.

Je me retrouve dans l'entrée de la bibliothèque, qui donne sur une salle de lecture. À travers les grandes fenêtres vitrées, la lumière de la ville illumine les rayonnages couverts d'ouvrages.

Je récupère un plan de la bibliothèque sur le bureau d'accueil, mais il est en morceaux.

Je relis mes notes... C'est bon, j'ai compris, maintenant je sais **dans quelle zone** est le précieux ouvrage.

J'arrive à l'endroit indiqué, mais je ne vois rien. Des tables vides, des étagères bourrées à craquer, mais pas de Bible. Que dit le **papier de Serge** ?

6) LA PORTE DU PASSAGE SECRET EST À PRENDRE AU PIED DE LA LETTRE.

_ _

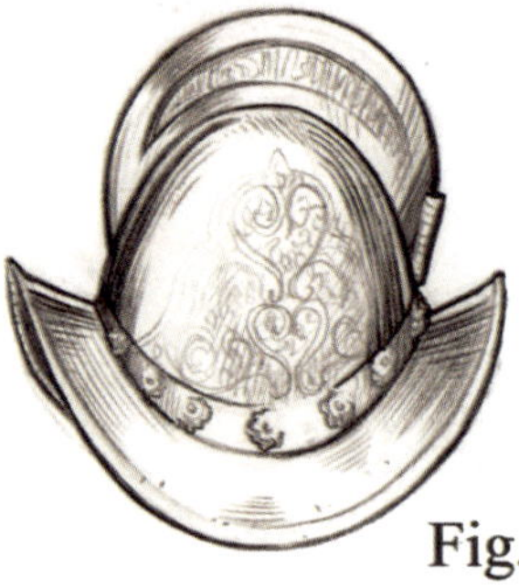

Fig. 50

Fig. 45

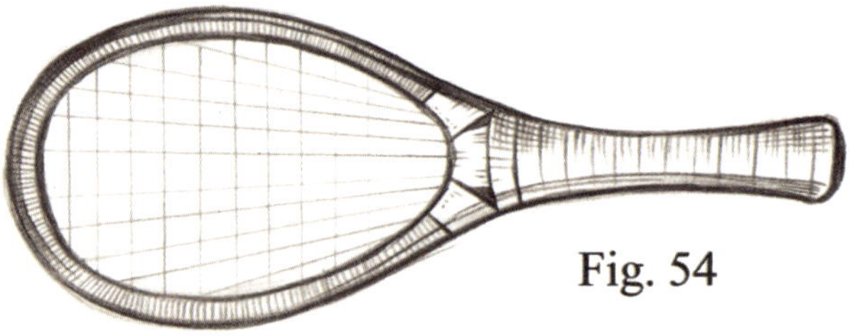

Fig. 54

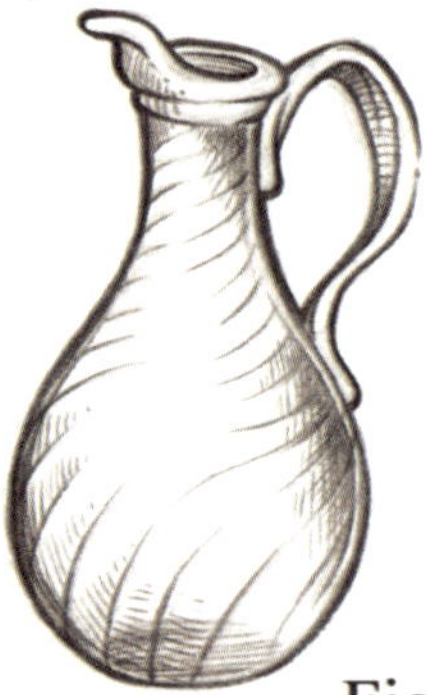

Fig. 46

Fig. 52

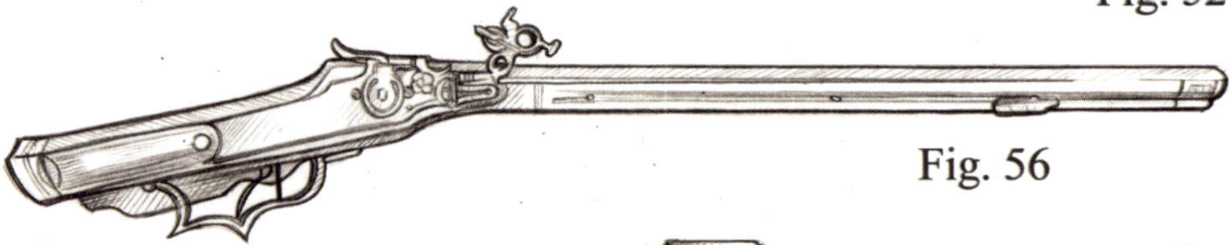

Fig. 56

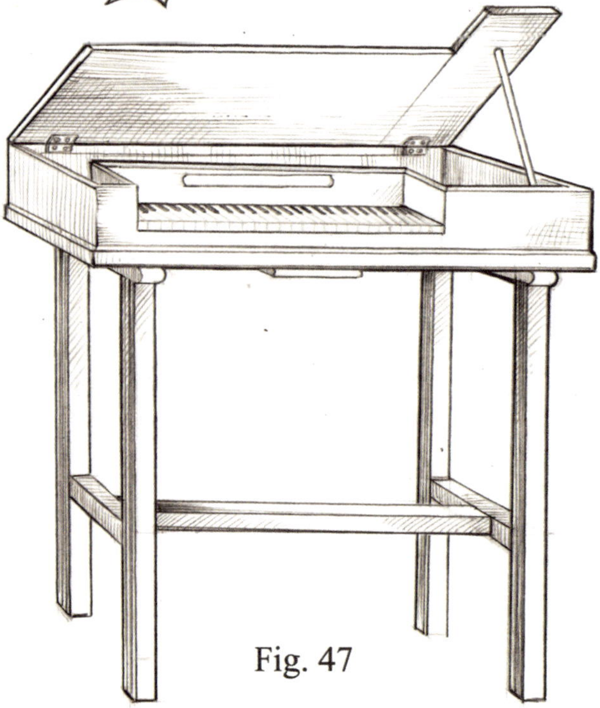

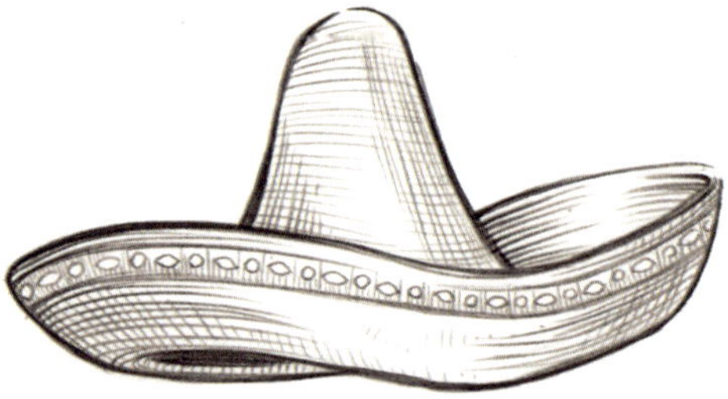

Fig. 49

Fig. 47

Fig. 48

Fig. 54

Fig. 53

Fig. 55

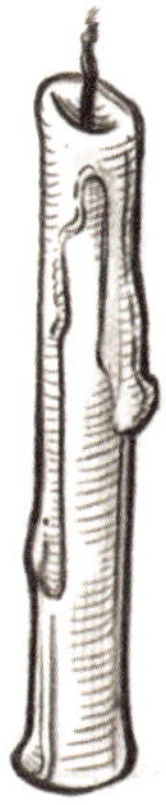

Fig. 51

Fig. 57

Mots d'origine étrangère

allemand, arabe, espagnol, italien

De l'............

Fig. 44. Artichaut ١
Fig. 45. Citrouille
Fig. 46. Perruque ٣
Fig. 47. Piano

De l'............

Fig. 48. Brasero
Fig. 49. Sombrero ٤
Fig. 50. Casque

De l'............

Fig. 51. Bougie
Fig. 52. Carafe
Fig. 53. Orange ٦
Fig. 54. Raquette
Fig. 55. Abricot

De l'............

Fig. 56. Arquebuse
Fig. 57. Calèche ٢

“ L’atterrissage après ce nouveau saut dans l’espace-temps me laissera quelques bleus. Je me suis mal réceptionné et me suis étalé sur les pavés humides à l’entrée d’un café que je connais bien, du moins dans son décor actuel. Eh mince, on dirait bien que je suis revenu en arrière ! J’étais pourtant tout près du présent, j’ai dû faire une bêtise quelque part. Quelle guigne…

En cette froide soirée, le café Procope fait le plein. Je pousse la porte de l’établissement et me faufile entre les tables pour trouver un coin à l’écart. Comme souvent en hiver, de nombreux intellectuels et savants sans le sou s’y pressent pour échanger et se chauffer. Nombre d’entre eux ont tout juste de quoi prendre, pour seul dîner, une tasse de café au lait avec un petit pain.
Au fond d’une des salles, je reconnais Diderot et d’Alembert qui débattent au sujet de l’encyclopédie qu’ils viennent de commencer.

– Mon cher Diderot, comme je l’écrivais au roi de Prusse, nous, Français, vivons encore un peu de notre ancienne réputation littéraire ; mais cette vie précaire ne durera pas longtemps. Pour que notre littérature survive, la langue doit évoluer.
– Comme je vous approuve, mon cher d’Alembert ! Naître, vivre et passer, c’est changer de forme. Il en est de même avec la langue française. Veuillez je vous prie jeter un œil sur cette planche. J’ai le projet d’y illustrer les **mots d’origine étrangère** que nous avons adoptés. Voyez, j’en ai déjà collectionné quelques-uns de diverses origines.

Je jette un coup d’œil à la planche que Diderot montre à d’Alembert. Je remarque des **signes bizarres**.

_ _ _ _ _

Il me faut maintenant trouver le nombre pour repartir d’ici. Est-ce qu’il aurait un rapport avec les mots qui sont dans cette langue ? ”

_ _ _

plus
D'INFOS
ici !

Difficile de dire si c'est par goût du défi ou par chauvinisme que **Diderot** (1713-1784, écrivain, philosophe et encyclopédiste français des Lumières) entreprend de créer une encyclopédie illustrée, en réponse à une demande de traduction de l'encyclopédie anglaise d'Ephraïm Chambers. D'Alembert et le chevalier de Jaucourt, un soldat qui a écrit presque le tiers de l'Encyclopédie, seront ses plus proches collaborateurs.

Diderot rédigera plus de 6 000 des 72 000 articles de l'œuvre. Il recrutera les esprits les plus prestigieux de son temps, dont Montesquieu et Voltaire. En voulant démontrer que le progrès existe et qu'il résulte d'une longue accumulation de découvertes scientifiques, de nombreux articles remettront en cause les dogmes véhiculés par la monarchie et l'Église. Par peur de perdre leur pension et leurs privilèges, ces contributeurs abandonneront le projet les uns après les autres. Néanmoins, Diderot réussira à l'achever grâce à l'aide de son ami André Le Breton. Ce dernier lui permettra d'imprimer les 28 volumes de l'Encyclopédie de manière clandestine à Neuchâtel, en Suisse, où un millier d'ouvriers du livre vont vivre de cette industrie pendant plus de 25 ans.

Cette première encyclopédie française est conçue comme un vaste système de classement, de hiérarchisation et d'appréhension des connaissances humaines. Elle est composée de volumes d'articles, classés par ordre alphabétique, et de volumes de gravures établis par thématique.

La porte s'ouvre d'elle-même. J'entre dans une petite pièce climatisée et je la balaye avec le faisceau de la lampe de mon portable. Dans leur présentoir vitré, les deux tomes de la Bible de Gutenberg ressemblent à deux grands papillons exotiques aux ailes déployées.

Sur le cartel est dessiné un poisson. Le signe de ralliement des premiers chrétiens en Afrique du nord. C'est parti pour le **travail manuel** ! Je pense que j'ai tout intérêt à faire le pliage avec le plus grand soin.

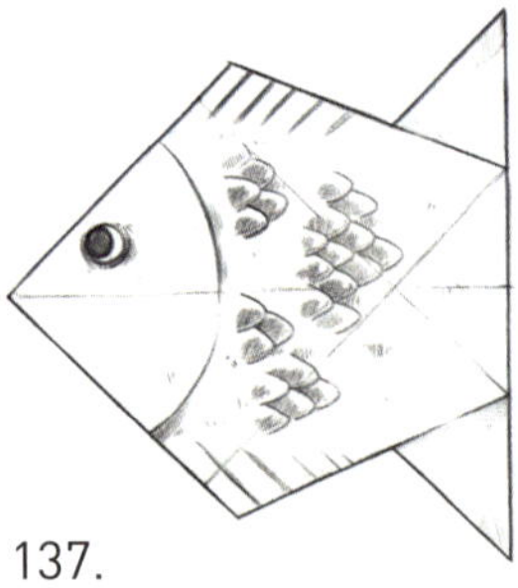

Passer p. 137.

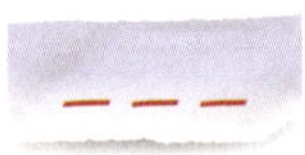

J'entre le code de la vitrine, elle s'ouvre toute seule. Un petit panneau indique « *Fiat lux* ». « Que la lumière soit. » Soit… Cette fois-ci, je n'ai plus d'autre indice et feuilleter les deux tomes à la recherche du secret me demanderait un temps que je n'ai plus, il est déjà plus d'une heure du matin.

Après tout ça, me voilà obligé de renoncer à trouver le secret de Gutenberg. Mais je ne serai pas venu pour rien. Je peux au moins contempler à ma guise

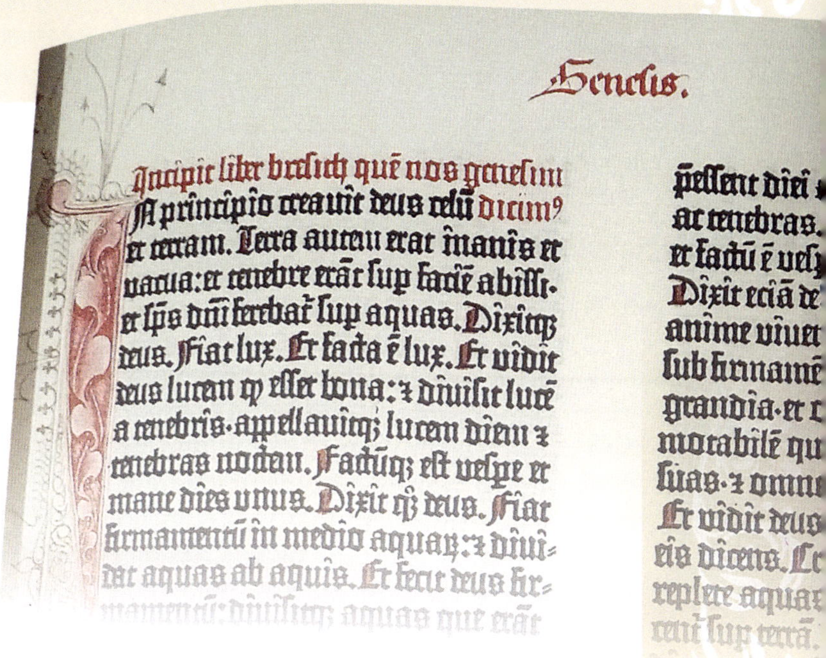

un des ouvrages qui aura marqué l'histoire écrite de l'Humanité. Le premier tome est ouvert à la première page ; le second est ouvert à la page 643, pile au milieu d'un ouvrage qui en compte 1 286. Quel dommage qu'il y ait si peu de lumière ! Mais en approchant le téléphone un peu plus près, je pourrai admirer la première page, finement illustrée par une initiale ornée, aux couleurs intactes. Quand je pense que cet ouvrage a été imprimé il y a six siècles !

Comme un enfant qui déchiffre son premier livre, je commence à lire à voix haute en latin. Alors que je suis en train de déchiffrer ce qu'on appelle aujourd'hui le troisième verset du chapitre 1 de la Genèse, je remarque une autre ligne, jusqu'alors invisible, au bas de la page. Une 43e ligne dans cette Bible de 42 lignes ! Est-ce que c'est ça, le secret de Gutenberg ? Vite, je la lis à haute voix :

« *Ut lux temporum memoriam teneat, initium finemque verbum et algebra erunt. Fiat Lux 1.3* »

« Pour que la lumière garde la mémoire des temps, l'algèbre et le verbe seront le début et fin. »

Qu'est-ce que ça veut dire ? L'algèbre… les nombres ? Le verbe… les mots ? Quel charabia !

Et ça, « *Fiat lux 1.3* »… 13. C'est la page 13, je dois lire la page 13 !

Alors que je m'apprête à ouvrir le livre à la page 13, je suis pris de vertiges. Autour de moi, tout chancelle, mais je ne peux quitter des yeux cette phrase figée dans le faisceau de lumière. Je suis prisonnier de son pouvoir hypnotique. Les lettres de la ligne se dilatent, s'évasent, m'enveloppent et je me sens aspiré par un tourbillon de mots, de nombres et d'échos incompréhensibles qui résonnent dans ma tête.

Au bout de ce qui m'apparaît comme une éternité, je me sens redescendre et une voix hurle ces mots à mon oreille : **« La page 13 est la page des origines de toutes les langues. Va voir ce qu'il adviendra de ta langue dans le futur, va voir page 1640 ! »**

Une jeune princesse d'une beauté infinie
était souveraine d'une île où rien ne manqué de ce qui fait les désirs de tous les hommes ; les maisons y étaient couvertes de lames d'or, et les temples et les palais en étaient paver.
Les habitants de l'île vivaient en parfaite santé chacun plus d'un siècle, et cette longue vie n'était troublé ni par les procès, ni par les querelles : l'on n'y joué pas à ces jeux si pleins de tumulte que l'avarice a inventer ; on y songeait seulement à prendre des plaisirs tranquilles, qui n'écouter ni soin, ni inquiétude. Cette île avait toujours été inconnue au reste des hommes ; on s'y trouvait si heureux, qu'on n'en voulait pas sortir, et l'on n'y voulait pas recevoir d'étrangers, de peur qu'ils ne corrompissent les mœurs innocentes des habitants. Les hommes de ce temps-là, qui avaient été si curieux de faire des découvertes avaient passé et repassée auprès de l'île sans en avoir eu la moindre connaissance...

LES
CONTES
DES FÉES.

*Par Madame D**.*

TOME PREMIER.

A PARIS,
Chez CLAUDE BARBIN, au Palais,
ſur le ſecond Perron de la
Sainte-Chapelle.

M. DC. XCVIII.
Avec Privilege du Roy.

244

« Comme depuis le début de mon voyage à travers les époques et les livres, j'essaye de me repérer dans le temps. Des motifs végétaux se déploient avec élégance sur certains murs de la grande pièce où je viens d'apparaître. Sur d'autres, des fresques aux coloris raffinés représentent des scènes champêtres, encadrées par des guirlandes en stuc. Je n'y connais pas grand-chose en mobilier, mais toutes ces décorations, mon nouveau costume… On dirait bien le XVIIe siècle.

Dans un des salons mitoyens, j'entends des enfants qui se disputent. Attiré par leurs cris, je m'approche de la porte en prenant bien soin de ne pas me montrer pour ne pas les effrayer. À l'évidence, ils viennent de finir un exercice et ne sont pas d'accord entre eux. Le ton monte et j'entends la voix de leur préceptrice, qui se voit obligée d'intervenir.

– Allons, que se passe-t-il ? Calmez-vous, les enfants ! Un peu de tenue ! Voudriez-vous avoir l'obligeance de m'écouter ? Nous allons vérifier que vous avez **bien orthographié** tous les mots de la liste, comme dans le livre de votre maman, Mme d'Aulnoy. Voyons ça… Mais enfin, les enfants, vous me faites toujours les mêmes erreurs sur **le même type de mots** ! Allez, corrigez-les, et ensuite, nous ferons un peu de calcul à partir du livre de contes de votre maman.

Pour le mot, la préceptrice m'a donné une piste, mais pour les chiffres, ce serait sur le livre de contes…

_ _ _ _ _

Pendant que les enfants corrigent leurs erreurs, je regarde à nouveau autour de moi. Sur une banquette, je vois un livre de contes. Voyons ce que je peux en faire – et vite, avant que la préceptrice ne vienne le chercher. Je l'entends approcher et me cache derrière la banquette.

– Bien, un peu de calcul mental. D'abord, dites-moi quelle est l'année de parution de ce livre de contes.

Passer p. 139.

C'est bien. Maintenant, divisez ce nombre par trois dans votre tête. N'écrivez pas, ne trichez pas ! Combien vous trouvez ?

– – –

– Très bien, les enfants, venez vous asseoir, je vais vous lire *L'Oiseau bleu*… Je n'aurai pas cette chance d'écouter en direct un conte de madame d'Aulnoy car déjà, je suis reparti… »

Zoom sur…

Il était une fois une fille de la petite noblesse normande, qui naquit à Paris en 1650 et que son père donna en mariage, à l'âge de quinze ou seize ans, à un valet de pied de plus de vingt ans son aîné. Au bout de trois ans, elle décida de se débarrasser de son buveur, coureur et débauché de mari en montant, avec l'un de ses amants, une machination contre lui pour le faire condamner à mort. Mais le complot fut découvert et elle dut prendre la fuite.

Elle parcourut alors l'Europe avant d'aller se réfugier auprès sa mère à la cour d'Espagne.

Une fois le scandale oublié, elle retourna s'installer à Paris et y mena une vie retirée dans sa résidence du faubourg Saint-Germain.

Un jour, elle décida d'ouvrir un salon littéraire. Alors, les grandes conteuses de son époque vinrent lui rendre visite.

En 1690, elle écrivit un roman, Histoire d'Hypolite, Comte de Duglas, dans lequel elle cacha un conte, « L'Île de la félicité ». C'est ainsi que fut publié le premier conte de fées littéraire en France. Cette idée originale plut beaucoup. Pendant des années, elle imagina ainsi des aventures romanesques et merveilleuses, s'amusa à inventer des mots et utilisa l'allégorie pour critiquer la Cour et la société française du XVIIe siècle. Ses contes des fées la redirent célèbre.

Et c'est ainsi que Marie-Catherine de Berneville, comtesse d'Aulnoy, surnommée « l'éloquente » et « Clio », devint la septième femme admise à l'Académie des Ricovrati de Padoue, un « sanctuaire de l'esprit ».

FIN

J'explore le mur à l'endroit indiqué sur la carte et trouve la minuscule poignée de la porte secrète. Je l'ouvre et descends à nouveau un long escalier tout noir. Et bien sûr, je tombe à nouveau sur une porte blindée ! Cela aurait été trop facile ! J'aurais dû m'en douter. Un ouvrage de cette valeur ne pouvait se trouver que dans une chambre forte protégée par un code digital. Voyons le **papier de Serge**…

Je suis perplexe. Est-ce qu'il va falloir que je fasse du travail manuel ? Je veux bien, mais il me manque clairement quelque chose, ce sera pour plus tard. D'abord, trouver le nombre.

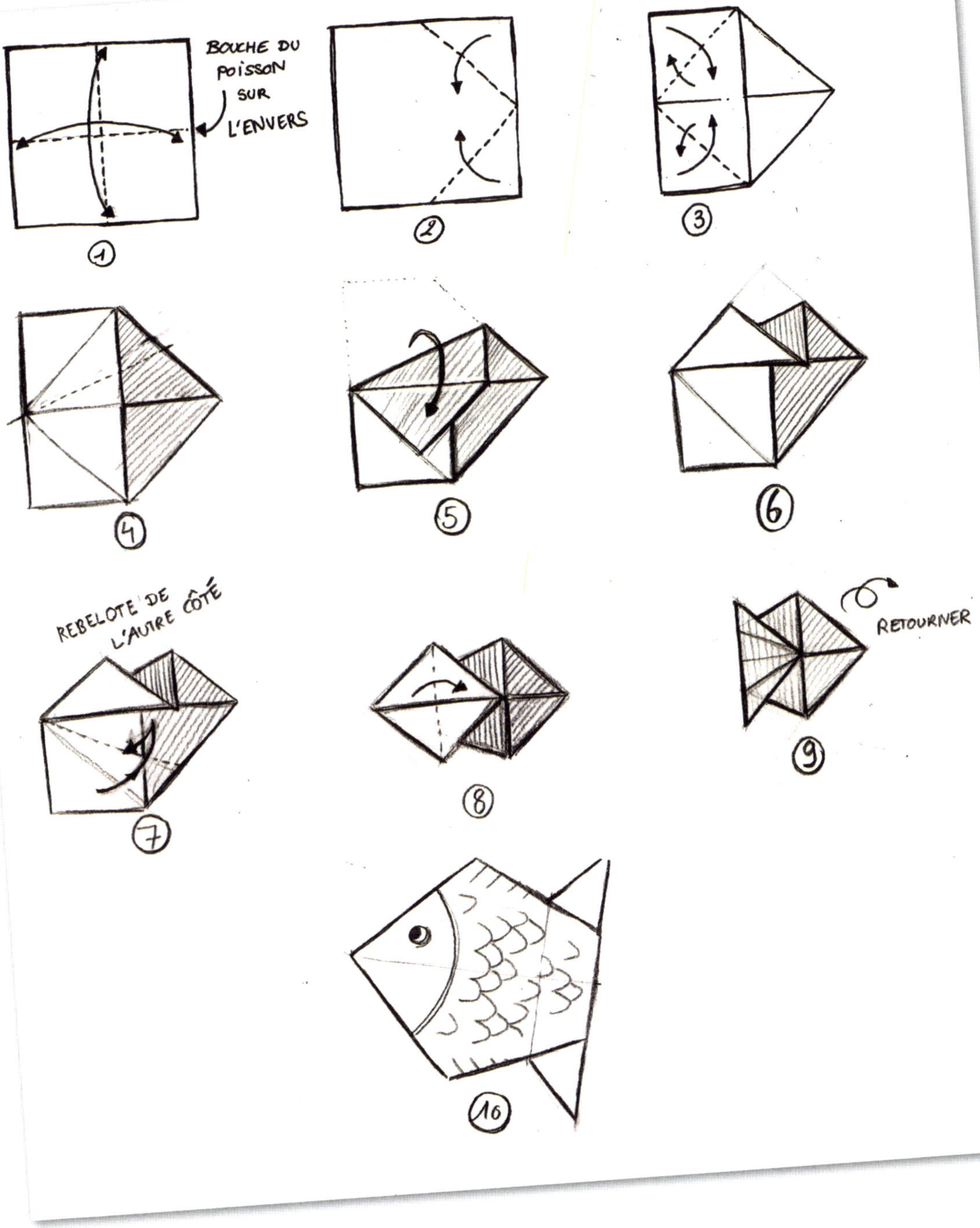
BOUCHE DU POISSON SUR L'ENVERS
1
2
3
4
5
6
REBELOTE DE L'AUTRE CÔTÉ
7
8
RETOURNER
9
10

47

« Vrayement, dist Grandgousier, ce ne sera pas à ceste heure, car je veulx vous festoyer pour ce soir, et soyez les très bien venuz. »
Ce dict, on apresta le soupper, & de surcroist feurent roustiz : **seze beufz**, troys genisses, **trente & deux veaux, soixante & troys chevreaux moissonniers, quatre-vingt-quinze moutons, troys cens gourretz de laict à beau moust**, unze vingt perdrys, sept cens becasses, quatre cens chappons de Loudunoys & Cornouaille, six mille poulletz & autant de pigeons, six cens gualinottes, **quatorze cens levraux**, troys cens & troys hostardes, & mille sept cens hutaudeaux.

De venaison l'on ne peut tant soubdain recouvrir, fors **unze sangliers** qu'envoya l'abbé de Turpenay, et **dix et huict bestes fauves** que donna le seigneur de Grandmont, ensemble sept vingt faisans qu'envoya le seigneur des Essars, et quelques douzaines de ramiers, de oiseaux de riviere, de cercelles, buours, courtes, pluviers, francolys, cravans, tyransons, vanereaux, tadournes, pocheculliéres, pouacres, hegronneaux, foulques, aigrettes, cigouingnes, cannes petieres, oranges flammans (qui sont phoenicopteres), terrigoles, poulles de Inde, force coscossons, et renfort de potages.

Gargantua

47

« Oh, zut, j'ai à nouveau remonté le temps et me voici assis à une table de banquet.

– « ... *cannes petieres, oranges flammans (qui sont phoenicopteres), terrigoles, poulles de Inde, force coscossons, et renfort de potages...* »
Les vingt-deux convives de l'assemblée rient de bon cœur.
– Excellent, messire Rabelais excellent ! Chacun des passages de votre ouvrage est un nectar de l'esprit.
Rabelais ? Je suis donc retourné au XVIe siècle ! Ces bonds dans le temps m'étourdissent.
– Merci, messire Geoffroy, mais ils ne seront jamais aussi excellents que vos vins qui remplissent nos coupes, n'est-ce pas monseigneur l'Abbé ?
– Je dois dire que si le rire est le propre de l'homme, vous en êtes la parfaite illustration, messire Rabelais. Toutefois, permettez-moi de vous rappeler que ce langage sans fioriture frise bien souvent l'insolence, pour ne pas dire l'indécence et fricoterait même parfois avec les péchés capitaux. Il se peut que ces ripailles ne soient pas toujours du goût de chacun... contrairement à ce vin. Un jour vous allez finir par vous attirer des ennuis messire Rabelais, pensez-y.
– Dites-moi, André, qu'avez-vous pensé de ce petit extrait de son *Gargantua* ?
– Je vous répondrai, sire François, que, pour faire bonne mesure, tout comme sire Gargantua, nous allons nous **partager tous ces quadrupèdes** rien qu'en entrée et, pour que les parts soient égales, on en ajoutera **un de plus**. Bon appétit !

Zoom sur...

André Tiraqueau, un juriste bien connu à son époque, organisait souvent des assemblées avec ses amis pour aborder des sujets divers comme le grec, l'histoire, la philosophie ou la médecine. Il y invitait régulièrement **Rabelais**. Les prises de position de Rabelais et ses écrits n'étaient pas toujours appréciés en haut lieu et il se verra même obligé de se réfugier à l'abbaye de Maillezais.

Un autre lieu favori de Rabelais était l'abbaye de Ligugé où, selon Jean Bouchet, Rabelais « devisait au clerc matin parmi les bois verdoyants avec le voyageur Quentin... ». Geoffroy d'Estissac, en homme de la Renaissance, y accueillait les intellectuels et festoyait avec eux autour d'une bonne table en offrant « bons fruits et bons vins »... Ces intellectuels formaient le cénacle de Fontaine-le-Comte (près de Poitiers).

Mon voisin de gauche, visiblement adepte des jeux de l'esprit, a dessiné sur la nappe une grille avec les oiseaux au menu et gribouillé dans certaines cases. Je vais essayer de reconstituer ce mot mystère pour quitter au plus vite cette époque, je ne me vois pas avaler tout ça... »

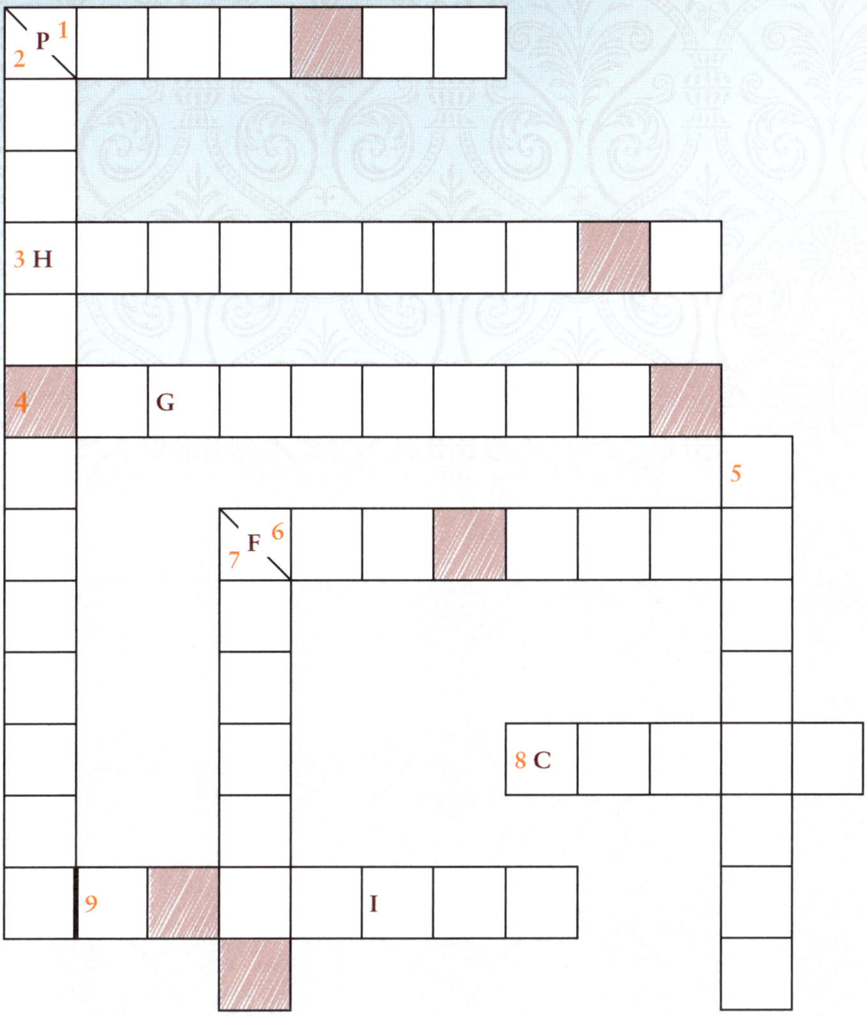

1. *« Pouah, sale ________, tu ne sens pas que tu pues ? »*
2. *« Espèce de ________________. T'es un tel crève-la-dalle que t'as toujours ta cuillère dans ta poche ! »*
3. *« Ouh, le ____________, le gros nono ! »*
4. *« Oh, la ____________! T'as le cou tellement long qu'on pourrait faire des nœuds avec ! »*
5. *« Non, mais, pour qui i's'prend ce _________, un vrai despote ! »*
6. *« Menteur de __________, y'a qu'au lit que tu dis la vérité ! »*
7. *« Le ________, t'es vraiment fou ? »*
8. *« Et elle, la _____, elle a perdu un "n" en vieillissant ! »*
9. *« Alors, le ______, tête d'évier… »*

_ _ _ _ _ _ _ _

COULE·SE·COMPTE·EN·PERTES·OU·EN·GAINS
Li Tens qui ne puet sejourner,
Ains vait tous jours sans retorner,
Com l'iaue qui s'avale toute,
N'il n'en retorne arriere goute ;
Li Tens vers qui noient ne dure,
Ne fer, ne chose, tant soit dure,
Car il gaste tout et menjue,
Li Tens qui tote chose mue,
Qui tout fait croistre et tout norist ;
Et qui tout use et tout porrist :
Li Tens qui enviellist nos peres,
Qui viellist rois et emperieres,
Et qui tous nous enviellira,
Ou Mort nous desavancera
Écrit par de Lorris
et de Meung
de à 1280

“ Je viens de traverser un nouveau maelstrom temporel qui m’a emporté à la fin du XIIIe siècle et j’ai atterri dans un monastère, dans un atelier où des moines copistes reproduisent d’anciens textes sacrés, et des textes plus récents.
La devise de l’atelier est une énigme, le poème en contient peut-être la solution…

– – – – – –

Il semblerait que j’arrive au mauvais moment : l’un des moines est en train de se faire enguirlander parce que, visiblement, il a fait une grosse bêtise.

– Frère Paulin !

– Oui, frère Thomas ?

– C’est vous qui avez fait toutes ces taches d’encre ? Vous êtes possédé, ma parole !

– Je suis désolé frère Thomas, un moment d’inattention et…

– En plein sur les deux prénoms des auteurs qui plus est ! L’abbé me l’avait pourtant rappelé : « Ne jamais donner à un copiste néophyte la responsabilité de clore un ouvrage. » C’est le Diable qui a fait trembler votre main ! Prenez-moi votre canivet et une dent de sanglier pour nettoyer tout ça ! Qu’attendez-vous, frère Paulin ?

Ça barde pour le petit frère, alors je me penche sur le livre pour voir si je peux l’aider.
Il est magnifique ! Qui en sont les auteurs ? Hum… Certaines lettres sont utilisées plusieurs fois.

– – – – – – – – – – et – – – –

Je me demande aussi combien d’années il aura fallu pour le copier et l’enluminer. ”

Date de début : – – – – Date de fin : – – – – Durée : – –

				2		9	6		7	4		1
					4		3	9			7	8
L		J			7				2	6	3	
	E			7		3	4		5	9		6
	U	G		9				2	8		1	
N			M		1	8		3		7	2	
						2	1	7				5
				1					4	3		7
A		I			5		8				4	

Le Roman de la Rose est un poème qui associe idées philosophiques, mœurs courtoises et genre romanesque.

Il se présente comme un rêve qui raconte la quête et la cueillette d'une rose – une jeune fille – par un jeune homme. Ce récit intemporel, qui aborde l'amour avec ses joies, ses désirs, ses obstacles, ses tourments et ses enjeux sociaux et individuels, est le résultat de deux auteurs indépendants.

La première partie fut composée par G. de Lorris au milieu des années 1230, en respectant dans son ensemble la thématique des récits d'amour courtois chantés par les troubadours : une dame que l'amoureux idéalise et qu'il entreprend de conquérir. Pour y arriver, il devra surmonter des obstacles allégoriques qui plongeront le lecteur dans un monde codifié merveilleux et métaphorique.

La seconde partie, rédigée par J. de Meung vers 1270, explique comment, chez l'amoureux reconduit, l'univers idyllique qui développe de nobles sentiments dans le but de séduire se désagrège et le pousse à adopter des comportements humains, bien plus perfides et condamnables, afin de posséder l'objet de son désir.

Christine de Pizan, qui dénonça la vulgarité et la misogynie de l'œuvre, s'opposa, à ce sujet, au notaire et secrétaire du roi Charles VI.

Mais pour ce qui est des bons remèdes qu'elle connaissait et qu'elle appliquait au refroidissement du corps, que nous appelons sanglaçures ; pour les emplâtres souverains qu'elle mettait sur les coupures et brûlures ; pour les boissons qu'elle composait à l'encontre de la fièvre, il n'est point douteux qu'elle gagnait bien son argent et qu'elle a guéri nombre de malades que les médecins auraient fait mourir si l'on avait essayé de leurs remèdes. Du moins elle le disait, et ceux qu'elle avait sauvés aimaient mieux la croire que de s'y risquer.
Comme dans la campagne, on n'est jamais savant sans être quelque peu sorcier, beaucoup pensaient que la mère Fadet en savait encore plus long qu'elle ne voulait le dire.
George Sand

« Par chance, la forêt est bien entretenue. Quelques grosses branches à enjamber et des ronces à écarter et me voilà à côté d'une grande maison de maître. À l'abri du fourré, j'observe le vaste jardin où les fleurs sauvages se mêlent aux massifs.

Une femme assise à une table de jardin est en train d'écrire.
Un peu plus loin, un enfant joue près de la grille de la grande demeure. Soudain, il s'écrie :
– Maman, maman, viens voir, la mère Fadet est en train de parler avec le garde ! Je ne comprends pas tout de ce qu'ils disent, mais il est question d'une vache perdue et de « sanglaçures », ou un mot comme ça. C'est quoi, des sanglaçures ?

La femme se lève et se dirige vers la grille. Derrière cette grille, j'aperçois une vieille femme et un homme tout intimidé, malgré son uniforme de garde champêtre un peu trop grand. Il écoute attentivement la femme, qui semble lui prodiguer des conseils.

Je m'approche de la table et découvre que cette femme n'est autre que George Sand et qu'elle était justement en train de dresser le portrait d'une certaine « mère Fadet ».
Qu'est-ce qu'elle peut bien être, cette femme ? Elle est savante, elle soigne les gens, mais visiblement, elle n'est **pas médecin**…

Zoom sur..

Les collégiens et les lycéens ne remercieront jamais assez **Amantine Aurore Lucile Dupin de Francueil** d'avoir écrit sous le simple pseudonyme de George Sand, née à Paris en 1804.

C'est donc en toute cohérence avec sa soif d'indépendance et son besoin vital d'une liberté absolue que cette femme, indisciplinable depuis son plus jeune âge, décide de ne mentionner à ses lecteurs ni sa particule ni sa lignée et impose la féminisation d'un prénom masculin.

Elle fut élevée chez sa grand-mère à Nohant, où elle consacre plus de temps à jouer dans les champs et les bois avec les enfants du village qu'à l'étude. Éprise de la vie rustique, elle s'imprègne non seulement des paysages du Berry, mais aussi de sa langue populaire et de ses traditions, qu'elle révèle à travers ses écrits. Elle mettra ainsi son talent au service des plus humbles, se plaçant toujours du côté des pauvres, des exclus et des femmes.

Après une vie marquée par de nombreuses rencontres, elle finit ses jours à Nohant-Vic où elle est retournée après la mort de Chopin, avec qui elle avait entretenu une longue relation intime.

Et comme on dit dans le Berry, lorsqu'il n'y a plus rien à ajouter, « epipapu ».

Sur la table, deux livres, *La Philosophie occulte*, de Cornelius Agrippa, et *Les Devins*, de Kaspar Peucer, sont ouverts à des pages qui présentent d'étranges alphabets. Je me demande bien pourquoi l'écrivaine est si intéressée par ces livres. »

La vie quotidienne dans le Berry, comme à l'époque de George Sand.

Portrait de George Sand fumant la pipe.

Le Trésor De La Cité Des Dames De Degré en Degré Et De Tous Estatz Selon Dame Cristine

Entens nos sermons et tu feras bonne œuvre / nous ne sommes encores ressasiees ou saoulees de te mettre en besongne comme chamberiere de nos vertueux labours avons advisé preparlé & conclud au conseil de vertu et a l'exemple de dieu qui au commencement du siecle qu'il eut creé vit son œuvre bonne / la beneist. Puis fist homme & femme & les animaulx. Ainsi nostredicte œuvre precedente / ceste de la cité des dames qui est bonne & utile soit benie et exaulcee par tout l'universel monde que encores a l'acroissement d'icelle nous plaist que tout ainsi comme le sage oyseleulx apppreste sa cage ains qu'il prengne ses oyselons.

Si la coustume estoit de mettre les petites filles a l'escole, et que communément on les fist apprendre les sciences comme on fait aux filz, qu'elles apprendroient aussi parfaitement et entenderoient les subtilités de toutes les arz et sciences comme ils font.

Au cours de leurs leçons comme de leurs travaux, les princesses partent toujours d'en bas pour s'élever et respectent toujours le sens des aiguilles d'une montre.

Cy commence le livre de la cite des dames duquel le premier chappitre parle pourquoy et par quel mouvement ledit livre fu fait .j.

Selonc la coustume maniere que iay en usage et a quoy est dispose lexercice de ma vie cest assavoir en la frequentacion destude de lettres un jour comme ie fusse seant en ma celle avironnee de plusieurs volumes de diverses matieres mon entendement a celle heure auques travaillie de recueillir la pesenteur des sentences de divers aucteurs par moy longue piece estudiees dreçay mon visage ensus du livre deliberant pour celle fois laissier em paix choses soubtilles et mesbatre et regarder aucune ioyeusete des dis des pouettes et comme adonc en celle entente ie cerchasse entour moy daucun petit livret entre mains me vint daventure un livre estrange non mie de mes volumes qui avec autres livres mavoit este baillie si comme en garde adonc ouvert cellui te vi en lintitulacion que il se clamoit Matheolus lors en soubsriant pour ce que oncques ne lavoie veu et maintes fois ouy dire avoie quentre les autres livres cellui parloit bien a la reverence des femmes me pensay quen maniere de solas le visiteroye mais regarde ne lor mie longuement quant ie fus appellee de la bonne mere qui me porta pour prendre la reffeccion du souper dont leure estoit ia venue proposant le veoir le lendemain le laissay a celle heure le matin ensuivant rassise en mon estude si que iay de coustume noubliay pas mettre a effect le vouloir qui mestoit venu de visiter cellui livre de matheole adonc pris a lire et proceder

45

“ Ouf ! La pièce où je viens d’apparaître est vide. Le feu de cheminée n’arrive pas à réchauffer les murs de la grande pièce recouverts de tapisseries qui racontent des événements historiques et des batailles mémorables. Le XIVe siècle, le XVe ? En tout cas, ce serait bien la fin du Moyen Âge.

Sur une écritoire placée devant une fenêtre se trouvent un grand livre ouvert, un encrier et une feuille de papier couverte d’écritures. En m’approchant, je constate que l’encre n’est pas encore sèche. Il m’est difficile de comprendre ce qui semble être une lettre signée de Christine de Pizan, mais, en me penchant sur le livre, je reconnais l’enluminure qui orne le début d’une des œuvres majeures de l’écrivaine, *Le Livre de la Cité des Dames*.

Si je suis bien chez elle, l’écrivaine risque de revenir d’un instant à l’autre, je n’ai pas tellement le temps de m’attarder sur ce splendide ouvrage, mais il faut quand même que je trouve les clés qui me permettront de repartir d’ici.

Les mots ne sont pas si différents de leurs **équivalents en français moderne juste quelques petites lettres en plus.** Voyons ce que je pourrais en faire.

_ _ _   _ _ _ _ _

Et la miniature de ces jeunes princesses qui étudient et travaillent dur à la construction de leur Cité, elle est splendide. ”

_ _ _

Zoom sur…

Poétesse et philosophe française née en Italie, **Christine de Pizan** a reçu l’éducation réservée aux jeunes filles de la cour du roi de France après que son père est entré au service de Charles V. Pendant la première décennie du XVe siècle (entre 1400 et 1418), Christine de Pizan est une écrivaine renommée, en France comme à l’étranger. Elle est la première femme de lettres française à avoir vécu de sa plume et elle a même dirigé un atelier de copistes.

L’autrice semble avoir conçu son œuvre comme une pensée bâtie à partir de dialogues intérieurs inspirés par les déesses de la Raison, de la Droiture et de la Justice. C’est cette dernière qui demande à Christine de Pizan de construire une cité métaphorique qui abritera des femmes, animées par la noblesse de l’esprit plutôt que par celle de la lignée. En prenant comme modèles des figures féminines du passé, Christine de Pizan tente de démontrer comment les femmes peuvent contribuer à l’évolution de la société, tout en respectant les normes sociales auxquelles sont soumises les nobles Dames de son époque.

« J'ai enfin retrouvé ma tenue et mon époque. Je suis revenu à mon point de départ, dans la petite salle secrète de la Bibliothèque Mazarine. Dans le faisceau de la lampe de mon téléphone portable, la 43e ligne de la Bible de Gutenberg s'est estompée lentement jusqu'à disparaître.

Puis je suis remonté dans la salle de lecture. Tout cela semble tellement irréel et pourtant... Je regarde les photos prises au cours de mes périples. Je n'ai pas rêvé.

Je sors de la poche intérieure de mon blouson le carnet sur lequel j'ai soigneusement noté tous ces mots laissés par des écrivains comme autant de petits cailloux balisant cet étrange chemin.

Il est 3 h 56 du matin.

Il est temps de **compléter la traduction de l'article trouvé dans le futur avec les mots manquants** (que j'ai recopiés dans mon carnet) **et de calculer le chemin parcouru** dans les pages de la Bible.

_ _ _ _

ARTICLE DU FUTUR

Déclaration de la présidente de la Région France à l'occasion du 700e anniversaire de la publication de la Bible de Gutenberg en présence de la ministre de la Culture et de la Communication de l'Europe

Le 23 février 2155

Mesdames, ... Liv, Messieurs,

Aujourd'hui, un .... composé des plus grands spécialistes de linguistique va nous présenter la première encyclopédie écrite en ....

Il y a tout juste 100 ans, le 23 février 2055, la France célébrait la publication de la première Bible traduite dans cette même langue et son introduction à la Bibliothèque Mazarine. Elle annonçait par la même occasion le 600e anniversaire de l'achèvement de la première Bible de Gutenberg le 23 février 1455.

Le succès remporté par ce .... renforça notre .... onté d' .... sans .... une langue qui ne répondait plus aux besoins d'un futur commun. Ainsi, tout le monde eut le bonheur de lire ou de relire dans une langue modernisée les joyaux de nos écrivains nationaux, les romans d' ...., ou de nos écrivaines ...., témoins de leur ....

Un de nos académiciens a dit très justement que « la langue est une .... ».

Comme par enchantement, beaucoup d'autres pays changèrent aussi de langue, comme ce fut le cas pour l' ...., pourtant très répandu.

Grâce à l'adoption de cette nouvelle langue, le même .... réunit .... du monde entier.

Pour remercier ces linguistes géniaux, je ne leur dirai qu'un mot : .... !

C'est impossible, je ne peux pas laisser faire ça !

Je repense à du Bellay, à Diderot, à Queneau et à tous les autres, à leur amour inconditionnel pour la langue française, cette langue qui permet à tellement de gens à travers le monde de partager une culture ! Ces œuvres que j'ai lues avec tant de curiosité, cette poésie vivante à travers les siècles… Cette langue qui a tellement évolué et qui continue de s'enrichir, pas question qu'elle disparaisse du devant de la scène ! Si le .... prend le dessus, le français ne sera bientôt plus qu'une langue morte comme le latin. Je le redis, pas question !

Je n'ai plus le temps d'écrire un article, mais ce n'est pas grave. La compréhension de ce mystère déterminant pour notre futur sera ma plus belle récompense.

Le moment est venu pour moi de contribuer à l'histoire de la langue française, à préserver son héritage, ces témoignages gravés par la main des Hommes sur le marbre du temps. J'en deviendrais lyrique…

Je vais rejoindre le bureau d'accueil pour attendre l'ouverture de la bibliothèque et l'arrivée de la conservatrice. Je me dois de tout faire pour la convaincre de ne jamais présenter au public cette Bible écrite en .... Sa place, pour l'instant, est dans la petite pièce blindée, à partager son secret avec celui de la Bible de Gutenberg.

Tout est bien qui finit bien. Je ne serai jamais célèbre, mais grâce à mon intervention à la Bibliothèque Mazarine, la langue française va pouvoir poursuivre le cours de sa grande aventure et moi, après toutes ces péripéties, j'ai mérité un bon petit déjeuner ! »

666
UN FILM DROLATIQUE
DÉCOUVREZ...
ZON
pour
L
7
rles
A U
le
O 2
ZA
Un rébus d'après "Zazie dans le métro"
de Raymond Queneau
LE FIGARO
8 février 1962
Entrée triomphale de "France"
dans le port de New-York
Famille Rachet

Cette année, pour la fête des mères,
vous saurez la convaincre !
INCROYABLE!
Ma chérie, je vais pouvoir t'aider à la cuisine.
Mêle-toi de tes !
Pas question d'abandonn
les bonnes vieilles méth
avec le tout
ot Marianne !

« Cette fois, j'atterris en terrain connu, le métro ! Je m'étonne du peu de monde à la station Bastille alors que l'horloge marque 12 h 15. En lisant par-dessus l'épaule de l'homme au chapeau noir plongé dans son journal, j'apprends « l'entrée triomphale du paquebot France dans le port de New York le 5 février 1962 ». Ah oui, je comprends mieux pourquoi il n'y a pas beaucoup de monde. Je ne suis pas encore tout à fait arrivé au présent, mais je m'en rapproche.
À quelques pas, une jeune adolescente, qui se plaint à sa mère de ne rien comprendre « au dernier livre offert par tante Susie pour son anniversaire », a entrepris d'en lire à voix haute un passage. « Maman, je n'y comprends rien, c'est quoi son problème, à Zazie ? » Il s'agit donc du roman de Queneau, *Zazie dans le métro*. Même si, dans un premier temps j'en perds mon latin, je me propose de l'aider, mais les répliques en anglais me posent un problème...

Zazie dans le métro

Un voyageur intervint :
– Male bonas horas collocamus si non dicis isti puellae the reason why this man Charles went away.
– Mon petit vieux, lui répondit Gabriel, mêle-toi de tes cipolles. She knows why and she bothers me quite a lot.
– Oh ! mais, s'écria Zazie, voilà maintenant que tu sais parler les langues forestières.
– Je ne l'ai pas fait exprès, répondit Gabriel en baissant modestement les yeux.
– Most interesting, dit un des voyageurs.
Zazie revint à son point de départ.
– Tout ça ne me dit pas pourquoi charlamilébou.
Gabriel s'énerva.
– Parce que tu lui disais des trucs qu'il comprenait pas.

Bastille

Je regarde autour de moi en attendant le métro. Elles sont marrantes, ces **publicités**. Tiens, elles ont même un **point commun** !

_ _ _ _ _ _ _ _ _ _ _ _

Et c'est quoi, ça, par terre ? Un vieux ticket. Si j'arrive à le rapporter dans le présent, ça me fera un souvenir… Ah, le présent, où est-il ce présent ? Mais j'y pense, le présent, je sais exactement à quelle page il faut que j'aille, **je l'ai déjà vue** ! Quel idiot je suis !! »

_ _ _

plus D'INFOS ici !

On pourrait penser qu'un employé de banque ou qu'un agent commercial ne peuvent avoir aucune fantaisie. **Raymond Queneau** (1903-1976) nous a démontré tout le contraire. La pratique d'une écriture décomplexée mais qui garderait une rigueur scientifique consciente, la révolte et l'anticonformisme de cet écrivain et mathématicien français firent de lui un des membres les plus actifs du mouvement surréaliste.

Ses romans d'après-guerre se caractérisent par une écriture jubilatoire qui associe le langage populaire et l'érudition afin de donner une force comique à son œuvre, dont un des meilleurs exemples est *Zazie dans le métro*, qui connut un immense succès populaire en 1959. L'œuvre fut portée à l'écran l'année suivante par le réalisateur Louis Malle. Queneau met en scène une galerie de personnages pittoresques, dont une enfant, à travers laquelle il interroge le public sur les normes et la morale (y compris sexuelles) de toute société.

88

Sonnet, ode, ballade
ou épître,
« Chacun aura sa forme
et son architecture,
Chacun ses ornements,
sa grâce et sa peinture. »

romain
amour
nourrice
vengeance
tour

“ J’ai atterri tout de travers et dans un drôle d’accoutrement. Je recale la couronne de lierre posée sur ma tête. Une joyeuse équipe vêtue de toges, des cornes en guise de coupes à la main, écoute en plaisantant l’orateur à moitié nu qui, à renfort de grands gestes, déclame un poème. J’essaye de me faire discret dans mon pagne un peu court, mais un des jeunes du groupe s’approche de moi.

– Je ne vous connais pas, Monsieur, vous êtes sans doute un des comédiens de la troupe d’Étienne Jodelle.

– Oui... bien sûr. Monsieur ?

– Pontus, appelez-moi Pontus. Et vous ?

– Dupond. Monsieur Dupond... avec un *d* à la fin.

– Alors, monsieur Dupond, vous vous amusez bien à cette Pompe du Bouc ? Que pensez-vous de ce poème de du Bellay superbement mis en voix par notre ami Ronsard ?

– Ah ? Ce jeune homme, c’est Ronsard ?

– Vous ne le connaissez pas ? Il est à l’origine d’un groupe littéraire auquel j’appartiens, la Pléiade !

– En référence aux sept étoiles qui composent la constellation...

– Et en référence aux poètes de la Pléiade d’Alexandrie ! Vous nous connaissez donc ? Vous avez sans doute lu notre manifeste pour « la défense et illustration de la langue française » ? Notre ami du Bellay n’est pas là aujourd’hui, mais, pour évoquer sa présence, nous lui avons dressé un petit autel sous l’arbre que vous voyez là.

Sur une table, à côté d’une feuille où est retranscrit un poème incomplet, une plume et un encrier attendent une main experte sous une pensée de du Bellay. Voyons si j’ai de l’inspiration.

Zoom sur...

La courte vie de **Joachim du Bellay** né vers 1522 à Liré, dans l’actuel Maine-et-Loire, semble fatalement marquée par la séparation. Ceci expliquerait son profond attachement à sa terre natale et à la langue française.

Orphelin dès dix ans, il ne reçoit qu’une éducation rudimentaire qui lui permet néanmoins de partir étudier le droit à Poitiers. Ce n’est donc que bien plus tard qu’il s’initiera aux lettres latines et grecques.

Il fait la connaissance de Ronsard avec qui il forme un groupe de poètes qu’ils appellent « la Brigade », dans le but de privilégier l’écriture en langue française et de rivaliser ainsi avec les textes écrits en grec ou en latin.

En 1549, du Bellay signe un manifeste collectif, *Défense et illustration de la langue française*, qui sert de référence au groupe de sept écrivains connu sous le nom de « la Pléiade ».

À 31 ans, il suit à la cour pontificale de Rome le cardinal Jean du Bellay, cousin germain de son père. Succombant à l’ennui et à la nostalgie, il écrit *Les Regrets*, qui ne seront publiés que deux ans avant sa mort, à l’âge de 37 ans.

La première Pompe du Bouc était la fête « à l’antique » que du Bellay, Ronsard et leurs amis organisèrent en février 1553 pour fêter le triomphe de la première tragédie à l’antique écrite par Étienne Jodelle. Ils firent monter un vrai bouc sur un autel et se livrèrent à des pitreries qui n’amusèrent pas du tout les voisins, qui virent dans l’événement la preuve que les humanistes n’étaient que des païens idolâtres !

Et je pensais aussi ce que pensait Ulysse,
Qu'il n'était rien plus doux que voir encore un _ _ _ _
Fumer sa cheminée, et après long séjour
Se retrouver au sein de sa terre _ _ _ _ _ _ _ _

Je me réjouissais d'être échappé au _ _ _ _,
Aux Circés d'Italie, aux Sirènes d'_ _ _ _ _
Et d'avoir rapporté en France à mon _ _ _ _ _ _
L'honneur que l'on s'acquiert d'un fidèle _ _ _ _ _ _ _.

Las ! mais après l'ennui de si longue _ _ _ _ _ _
Mille soucis mordants je trouve en ma _ _ _ _ _ _,
Qui me rongent le cœur sans espoir d'_ _ _ _ _ _ _ _ _ _

Adieu donques, Dorat suis encor _ _ _ _ _ _
Si l'arc que les neuf Sœurs te mirent en la _ _ _ _
Tu ne me prêtes ici, pour faire ma _ _ _ _ _ _ _ _ _ _.

_ _ _ _ _ _ _

J'aime beaucoup ce sonnet de du Bellay. Je le scande avec délectation. Les syllabes se détachent bien , je pourrais presque **les compter**. »

....	À l'origine, un poème chanté. 3 couplets et une demi-strophe + un vers de refrain.
....	Sous la forme d'une lettre, d'une déclaration, d'une pensée philosophique. Pas de contrainte particulière.
....	2 strophes de 4 vers (2 quatrains) + 2 strophes de 3 vers (1 sizain). Vers de 12 pieds, rimes embrassées et rimes croisées.
....	7 strophes de 5 vers. Rimes.

_ _ _

Bienvenue à la Bibliothèque !

Le globe céleste de la Bibliothèque Mazarine.

La Bibliothèque Mazarine

Pour le prestige du cardinal Mazarin

La Bibliothèque Mazarine a été créée pour abriter les collections personnelles du cardinal Mazarin (1602-1661), successeur de Richelieu et principal ministre de Louis XIV entre 1643 à 1661, avant sa majorité.

La constitution de la Bibliothèque Mazarine relève de l'épopée. Elle fut organisée et développée par Gabriel Naudé (1600-1653) selon les principes qu'il avait lui-même énoncés dans le premier traité de bibliothéconomie moderne, *Advis pour dresser une bibliothèque*.

Mettant à profit les importants moyens financiers mis à sa disposition, il achète des fonds de librairies et des collections intégrales, chine et déniche des ouvrages partout où il peut et s'en fait offrir par des marchands ou des courtisans soucieux de se faire bien voir. Il part même à l'étranger pour acquérir des livres, dans toute l'Italie en particulier, pays déjà réputé pour ses imprimeurs. Il achète des rayonnages de librairies au mètre…

Naudé crée ainsi la bibliothèque la plus riche d'Europe, la collection avoisinant les 40 000 volumes au milieu du XVIIe siècle.

Vue sur une salle de lecture de la Bibliothèque Mazarine.

Ouverte aux savants dès 1643 dans l'hôtel particulier de Mazarin (qui deviendra par la suite le site historique de la Bibliothèque nationale de France, rue Richelieu à Paris), c'est la plus ancienne bibliothèque publique de France.

Dispersée, puis reconstituée

Pendant la Fronde (1648-1652), Mazarin ayant dû fuir Paris alors que ses biens étaient saisis, cette première bibliothèque fut dispersée lors d'une vente publique au début de l'année 1652. Revenu au pouvoir, le cardinal la reconstitua en partie. Pour en assurer la pérennité, il décida de la confier à l'institution d'enseignement fondée peu avant sa mort, le Collège des Quatre-Nations.

Amputée en 1668 de ses manuscrits à la faveur d'un échange avec la bibliothèque du Roi, la collection fut transportée dans le palais conçu par Louis Le Vau pour y installer le Collège des Quatre-Nations (quai de Conti, à Paris).

Grâce à l'action de son bibliothécaire, l'abbé Gaspard Michel, dit Leblond, plusieurs milliers de volumes vinrent enrichir ses fonds, provenant de la confiscation des bibliothèques aristocratiques ou conventuelles (chapitre Notre-Dame de Paris, abbaye de Saint-Victor, abbaye Saint-Germain-des-Prés, Jacobins de Saint-Honoré, etc.) et des territoires conquis.

Rouverte en 1689, la Bibliothèque Mazarine fut maintenue en activité sous la Révolution en raison de son caractère public tandis que le collège était supprimé. Elle bénéficia alors des confiscations révolutionnaires et reconstitua une remarquable collection de manuscrits.

Ouverte à tous

Depuis lors, elle continue de développer ses ressources grâce à une politique documentaire orientée principalement vers les disciplines historiques, et en bénéficiant du dépôt légal et de donations souvent importantes.

Rattachée en 1945 à l'Institut de France, qui occupe depuis 1805 les bâtiments de l'ancien Collège des Quatre-Nations, quai de Conti, la Mazarine est une des bibliothèques de grands établissements littéraires et scientifiques relevant du Ministère de l'Enseignement supérieur et de la Recherche. Sa salle de lecture, restaurée de 1968 à 1974, perpétue le décor unique d'une grande bibliothèque du XVIIe siècle.

La Mazarine est aujourd'hui, plus de trois cent cinquante ans après sa fondation, un véritable musée du livre et une bibliothèque d'étude et de recherche, toujours ouverte à tous.

La — table

Comment apres la mort Verpandragon roy du royaulme de logres & apres la mort aramon roy de la petite bretaigne le roy claudas de la terre descosse mena guerre contre le roy ban de benoic & le roy boort de gannes tant quil les desherita de leurs terres au fueillet. i.

Comment le roy claudas assiega le chasteau de trible ouquel estoit le roy ban de benoic & comment ilz parlementerent ensemble ii.

Comment le roy ban de benoic acompaigne de sa femme & de son filz lancelot auec vng seul escuyer se partirent du chasteau de trible pour aller querir secours deuers le roy artus a la grant bretaigne iii.

Comment apres ce que le roy ban fut parti de son chasteau de trible le seneschal a qui il en auoit baille la garde trahit ledit chasteau & le liura es mains du roy claudas iiii.

Comment le roy ban mourut de dueil quant il vit son chasteau ardoir et brouyr. Et comme la dame du lac emporta son filz lancelot v.

Comment la royne helaine apres que le roy fut mort et elle eut perdu son filz se rendit nonnain en labaye du monstier royal vi

Comment le roy de gannes mourut & comment la royne sa femme pour paour de claudas sen partit de son chasteau pour aller au monstier royal ou sa seur estoit rendue. Et comment ses enfans lyonnel & boort luy furent ostez au fueillet vii

Comment la royne de gannes apres que son seigneur fut mort et quelle eut perdu ses deux enfans se vint rendre au monastere ou estoit sa seur la royne de benoic viii.

Comment merlin fut engendre du diable & comment il fut amoureux de la dame du lac viii.

Comment le cheualier farien qui auoit tollu a la royne de gannes ses deux enfans les emporta en sa maison & les fist nourrir vne espace de temps. Et comment le roy claudas fut amoureux de la femme dudit farien & pource le fist son seneschal ix.

Comment le roy claudas fist appeller son cheualier farien de trahison par ladmonnestement de sa femme disant quil gardoit les deux enfans du roy boort de gannes x

Comment le roy claudas en maniere de cheualier estrange se partit du royaulme de gannes pour aller en la grant bretaigne a la court du roy artus pour veoir sa puissance & son gouuernement fueillet xii

Comment la dame du lac bailla a lancelot vng maistre pour le instruire comme il appartenoit a filz de roy xiiii.

Comment la royne helaine alloit faire chascun iour son dueil ou lieu ou son seigneur mourut & de la alloit au lac ou elle perdit son filz xvii

Comment le bon religieux qui auoit dit nouuelles a la royne helaine de son filz lancelot print congie de elle & sen vint au roy artus en la grant bretaigne au fueillet xviii.

Comment la dame du lac enuoya sa damoiselle a la court du roy claudas pour deliurer les deux enfans au roy boort que claudas tenoit en prison au fueillet xix.

a iii

Une page de *Lancelot du Lac*, 1494.

La page de titre d'une Mazarinade, avec le portrait de Mazarin, (1649 ?). Les Mazarinades étaient des pamphlets pouvant prendre la forme de sonnets, de chansons, de pièces de théâtre se moquant du cardinal Mazarin pendant la Fronde, 1648-1653.

Les manuscrits

À l'exception de quelques manuscrits acquis au XVIIIe siècle, le fonds actuel de manuscrits médiévaux et modernes de la Bibliothèque Mazarine provient essentiellement des prélèvements opérés durant la période révolutionnaire par l'abbé Leblond dans les dépôts où les manuscrits des établissements religieux parisiens avaient été rassemblés.

Depuis, des donations sont venues enrichir ce fonds, essentiellement de papiers d'érudits, mais également de manuscrits médiévaux et modernes. Des lettres du pape Léon (Xe siècle) aux archives scientifiques contemporaines, près de 5 000 manuscrits sont aujourd'hui conservés à la Bibliothèque Mazarine et mis à la disposition des chercheurs.

Une planche de *Mémoire pour diriger le jardinier embarqué sur les bâtiments aux ordres de M. de La Pérouse, rédigé par le s. Thouin, premier jardinier du Jardin royal des plantes*, 1785.

La Bible de Gutenberg

Au sein de la première collection rassemblée par Gabriel Naudé pour Mazarin figurait un exemplaire de la Bible latine imprimée par Johann Gutenberg à Mayence vers 1455. En 1652, pendant les troubles de la Fronde, le volume passa temporairement entre les mains de Jean Jobert, avocat au parlement de Paris, qui le restitua à Mazarin après son retour au pouvoir, dès 1654.

Cette Bible à quarante-deux lignes n'était alors pas identifiée comme le premier livre imprimé de l'histoire occidentale ; elle acquit cette notoriété au XVIIIe siècle seulement, du fait de l'expertise bibliographique que pratiqua Guillaume-François Debure vers 1762, justement à partir de l'exemplaire de la Bibliothèque Mazarine.

Cette Bible est donc le premier livre imprimé avec des caractères mobiles, selon la technique inventée par Gutenberg. En effet, l'imprimerie existe en Chine depuis le IXe siècle, et en Corée depuis au moins le XIIe siècle.

La Bible de Gutenberg reproduit le texte de la Bible en latin traduite par saint Jérôme : l'Ancien Testament occupe le premier volume et une partie du second, qui contient aussi l'ensemble du Nouveau Testament.

Sur un premier tirage d'environ 180 exemplaires, étalé sur trois ans, 49 exemplaires complets, ou en majeure partie, ont été conservés jusqu'à aujourd'hui, et des feuillets isolés se trouvent dans quelques bibliothèques. Une partie des exemplaires a été imprimée sur parchemin (vélin), une autre sur du papier importé d'Italie.

La majorité des exemplaires se trouve en Allemagne. En France, la Bibliothèque nationale de France en possède trois exemplaires, dont un sur vélin, et la Bibliothèque Mazarine un exemplaire sur papier.

Les premières pages de la Bible de Gutenberg comportaient deux colonnes de 40 lignes par page, parfois 41, un ouvrage complet faisant 1 286 pages en deux tomes, l'un de 324 feuillets, l'autre de 319. Pour économiser du papier, très cher à l'époque, Gutenberg décida d'imprimer **42 lignes par page**, puis de diminuer la taille des caractères, ce qui lui fit économiser une trentaine de pages.

Gutenberg tenta d'imprimer en deux couleurs (noir et rouge), mais cela lui faisait perdre trop de temps. Aussi tout ce qui était en couleur était-il laissé en blanc et réalisé ensuite à la main. Le livre était donc vendu en feuilles non reliées.

Un **enlumineur** était chargé par l'acquéreur de dessiner les lettrines et, éventuellement, d'ajouter des enluminures dans les larges marges. Celui-ci devait aussi faire appel à des **rubricateurs** pour faire ressortir par des couleurs les *nomina sacra* (noms divins ou sacrés abrégés) et les marques de paragraphes et de versets. Tous ces travaux, ainsi que le travail du **relieur**, étaient laissés à l'appréciation (et aux moyens financiers) des acheteurs.

La personnalisation des exemplaires de cette Bible fait de chacun d'eux un ouvrage unique.

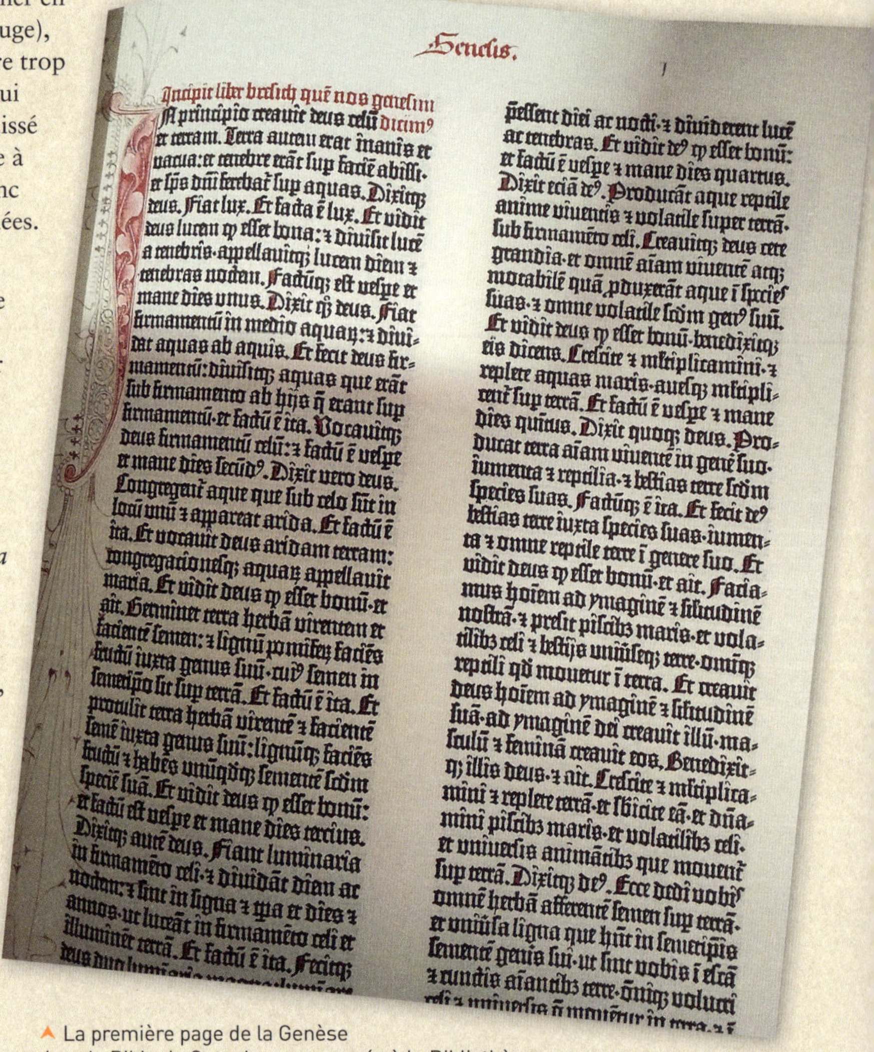
Genesis.

La première page de la Genèse dans la Bible de Gutenberg conservée à la Bibliothèque Mazarine, à Paris. On peut lire « *Fiat lux* » à la 6e ligne.

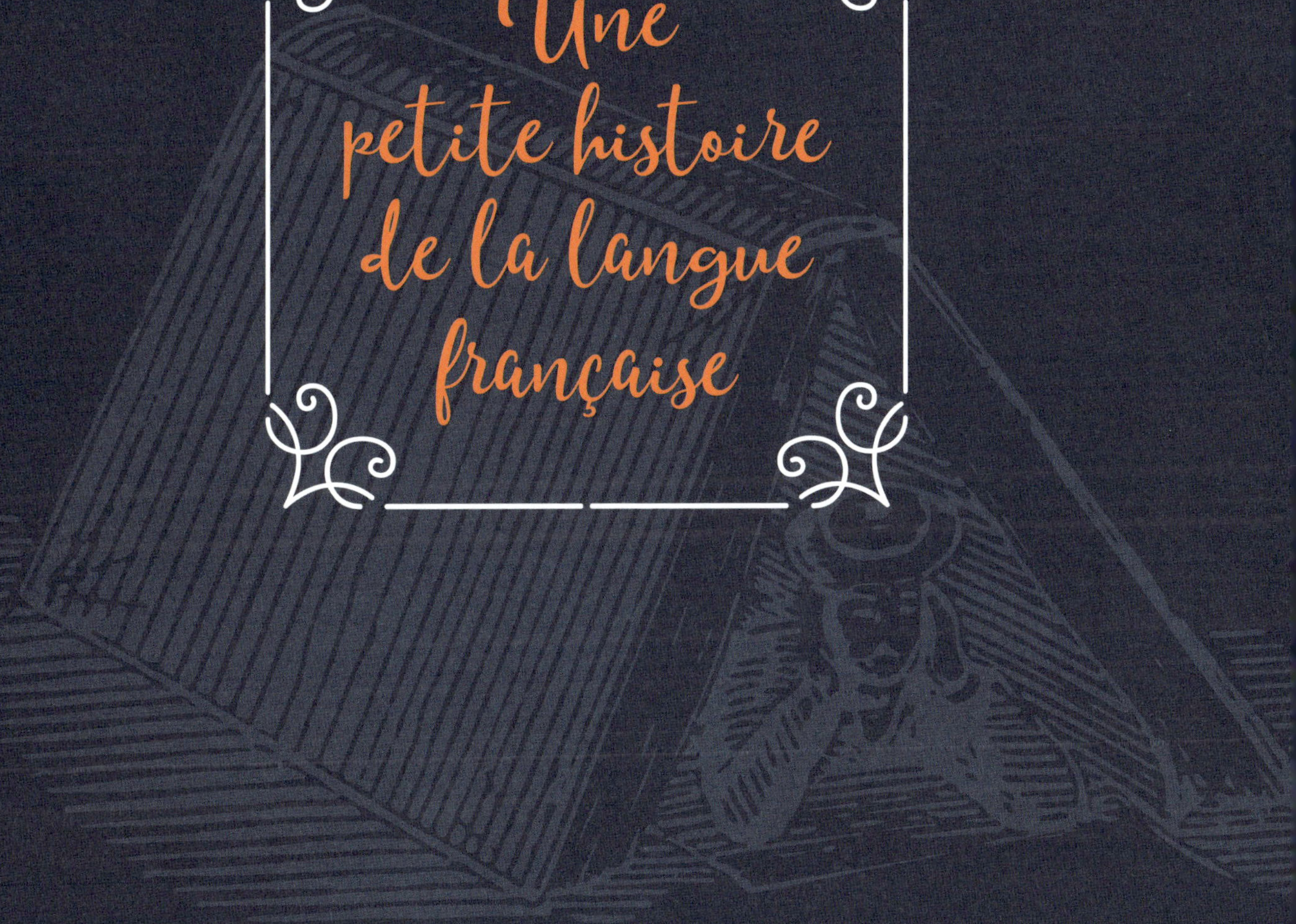

Une petite histoire de la langue française

Le celte

Avant la conquête romaine, la Gaule, territoire dont une partie est devenue la France, était habité par des peuples celtes, qui parlaient celte.
Voici ce que dit Jules César dans *La Guerre des Gaules* :
« La Gaule, dans son ensemble, est divisée en trois parties, dont l'une est habitée par les Belges, l'autre par les Aquitains, la troisième par ceux qui dans, leur propre langue, se nomment Celtes, et, dans la nôtre, Gaulois. Tous ces peuples diffèrent entre eux par la langue, les coutumes, les lois. Les Gaulois sont séparés des Aquitains par le cours de la Garonne, des Belges par la Marne et la Seine. »

Le gallo-romain

Après la conquête de la Gaule, les Gaulois apprennent le latin, la langue de leurs envahisseurs, surtout dans le Narbonnais et le sud-est, les régions les plus romanisées. Mais ce latin que les Gaulois apprennent est tout sauf le latin classique d'un César ou d'un Virgile. Il s'agit d'un latin populaire, « vulgaire » (*vulgaire* signifie « issu du peuple ») qui connaît lui-même des déformations puisque les Gaulois ont leurs propres expressions et intonations. C'est ce latin populaire influencé par le gaulois qu'on appelle « gallo-romain ».
Le latin dit classique n'est parlé que par l'aristocratie, les lettrés, les juristes et les religieux.
En raison des nombreuses « invasions barbares », à partir du Vᵉ siècle, et surtout aux IXᵉ et Xᵉ siècles, la langue gallo-romaine connaît constamment des évolutions. Elle subit en effet des influences germaniques, en particulier celles des Francs.
Petit à petit, en Armorique, en Wallonie, en Picardie, se développent diverses variétés de gallo-romains. Certaines régions de l'est abandonnent le gallo-romain et adoptent des langues germaniques. Il est d'ailleurs probable qu'à cette époque, la grande majorité des gens étaient bilingues : ils pratiquaient leur langue chez eux et parlaient gallo-romain pour se faire comprendre ailleurs.

Le roman

L'usage du latin classique devient de plus en plus restreint au profit de la *rustica romana lingua*, la langue romaine rustique (des incultes, des illettrés), aujourd'hui appelée le « roman ».
Mais le roman est loin d'être une langue homogène et les souverains comprennent vite que l'unification de la langue est nécessaire à l'exercice du pouvoir. Comment bien vous faire comprendre et voir votre autorité respectée lorsque certains de vos sujets ne vous comprennent pas ?

L'empereur Charlemagne constate que, sur son territoire, on parle environ trente-six langues, trente-six formes de langue romane. Pour renforcer son pouvoir politique, Charlemagne, avec le moine Alcuin, œuvre pour la diffusion du latin classique en le faisant enseigner au sein des monastères, où étudient les jeunes nobles. Il rationnalise l'enseignement dans l'école du palais (l'école palatine) avec la création de la caroline et l'enseignement des arts libéraux, et aussi parce qu'avec l'Admonition générale (789), il demande :

« [...] que les prêtres attirent vers eux non seulement les enfants de conditions servile, mais aussi les fils d'hommes libres. Nous voulons que soient fondées des écoles où les enfants puissent [apprendre à] lire. Dans chaque monastère ou évêché, corrigez scrupuleusement les psaumes, les notes [l'écriture sténographique], le chant [d'église], le comput [calcul], la grammaire et les livres religieux ; parce que souvent, ceux qui souhaitent bien prier Dieu le font mal à cause de livres non corrigés. Ne permettez pas que vos élèves les altèrent, soit en les lisant, soit en les écrivant ; et s'il faut copier les Évangiles, le psautier ou le missel, que des hommes d'expérience les transcrivent avec le plus grand soin. »

Le concile de Tours, en 813, stipule que les prêtres doivent prêcher en *rustica romana lingua*, c'est-à-dire en roman, ou en germanique, afin d'être compris de tous. En 842, les Serments de Strasbourg sont proclamés en deux langues, en roman et dans une langue germanique (le francique). La Cantilène de Sainte-Eulalie est écrite en roman vers 880.
Ces deux textes sont « les plus anciens témoins du français » (Alain Rey, *Mille ans d'histoire de la langue française*), témoins également des efforts entrepris pour transcrire le roman alors qu'auparavant, seul le latin était écrit.

De l'ancien français au français moyen

Au Moyen Âge, cette tendance se confirme. Le roman, plus facile, se répand plus aisément et le latin demeure la langue du clergé. La langue romane, celle du peuple, se divise en deux groupes, selon la façon dont le mot *oui* est prononcé : au nord, ceux qui le prononcent [oïl] parlent la langue d'oïl (plus influencée par le gaulois) ; au sud, ceux qui le prononcent [oc] parlent la langue d'oc (plus profondément romanisée). Au XVIe siècle, c'est la variété de langue d'oïl parlée en l'Île-de-France, dans l'Orléanais et en Touraine qui s'impose, avant tout, et encore une fois, pour des raisons politiques. Les lieux de l'exercice du pouvoir se trouvant dans ces régions (les cours royales voyageaient beaucoup), c'est le dialecte qui y était parlé qui finit par s'imposer au reste de la France.

Sur le plan littéraire, au XIIe siècle commencent à apparaître des récits en langue vulgaire alors que jusque-là, c'était le latin qui était réservé à la littérature. Le mot *roman* se met à désigner aussi l'*estoire*, l'histoire, c'est-à-dire le récit en langue vulgaire. Ce roman est soit la traduction et le remaniement d'un texte latin, soit un récit écrit directement en ancien français et en vers, comme *Le Roman de Renart*.
Suivant la même évolution de sens, le verbe *romancier* signifie d'abord « traduire du latin en roman », puis « raconter en roman ».
Au XIVe siècle, le roman relève soit de la littérature courtoise, soit du roman d'aventures, toujours en vers. C'est à partir du XVe siècle que le roman s'écrit en prose.

François Ier et l'ordonnance de Villers-Cotterêts

Pendant le règne de François Ier, au XVIe siècle, l'évolution du français opère un tournant décisif. Le latin n'est plus du tout parlé ; l'ancien français a évolué et est devenu ce qu'on appelle aujourd'hui le « moyen français », mais il y a encore beaucoup de disparités lexicales entre les régions du royaume de France.
Les Français parlent différents patois, dialectes et langues (un Breton ne comprend pas un Basque !) et seuls les nobles et les bourgeois maîtrisent le français « officiel ». Pour remédier à ce problème, il faut des actes politiques forts. Ainsi, en 1539, François Ier promulgue l'ordonnance de Villers-Cotterêts : tous les actes doivent désormais être rédigés en français.
Vers 1547, Pierre de Ronsard, Joachim du Bellay et cinq autres poètes créent la Pléiade. Les membres de ce groupe écrivent une poésie lyrique, notamment des sonnets, dans un français audacieux et nouveau.
Le manifeste de la Pléiade, *Défense et illustration de la langue française* (1549), concourt à l'enrichissement et à l'expansion du français.

Le classicisme et l'essor du français moderne

Le XVIIe siècle marque l'avènement du français moderne puisqu'en l'espace d'une génération, le français se stabilise. Au début du siècle, le poète de Cour François de Malherbe est à l'origine des règles du classicisme, et son influence sur la langue française ainsi que son évolution fut absolument considérable. C'est en effet à lui que l'on doit les règles de clarté, de vraisemblance et de bienséance qui feront autorité tout au long du XVIIe siècle et aideront à l'évolution du français dans un souci d'harmonisation.
Malherbe décède en 1628. Sept années plus tard, Richelieu fonde l'Académie française. Cette institution, encore active aujourd'hui, se donne pour mission d'établir les mots qui peuvent et doivent faire partie de la langue française, et donc entrer dans le dictionnaire. Le grammairien Vaugelas, le théoricien de la langue Nicolas Boileau en sont membres.
Boileau, à qui l'on doit le fameux « ce qui se conçoit bien s'énonce clairement », joue un rôle fondamental dans l'avènement du classicisme français. Partisan des Anciens dans la Querelle des Anciens et des Modernes, il définit le goût et les normes classiques, qui reposent sur la clarté, la sobriété, l'expression de la vérité et le souci d'employer le mot juste. Les écrivains classiques, tels que Corneille, Racine, Molière ou La Fontaine, participent à cette fixation de la langue grâce à leurs œuvres littéraires.

Le français, la langue des élites européennes

Le français policé devient un signe de reconnaissance au sein de la Cour, parmi les élites, et gagne les Cours européennes. La reine Christine de Suède a fait venir à sa cour Descartes et Tristan l'Hermite. Cette tendance se poursuit au XVIIIe siècle : en Russie, le français devient la langue des élites et permet aux nobles de ne pas se faire comprendre de leurs domestiques. Catherine de Russie invite Diderot à sa cour et, au royaume de Prusse, le roi Frédéric II correspond avec Voltaire.

La Révolution française et l'avènement définitif du français moderne

En 1789, le français n'est toujours pas parlé de façon homogène au sein du royaume, et c'est la Révolution française qui permet l'avènement définitif, presque final, du français que nous connaissons – même si une langue ne cesse jamais d'évoluer !
Certaines prononciations sont abandonnées : les mots en « oi », qui étaient prononcés [oué] par les nobles, doivent désormais être prononcés [oua]. Les révolutionnaires et les réformateurs estiment que les citoyens se doivent de parler un seul et même français, pour plus d'égalité. Il faudra pourtant attendre l'avènement de l'instruction primaire obligatoire, en 1828, pour que le français standard commence réellement à s'imposer.

La généralisation d'un français « standard » s'est faite au détriment des autres langues et des nombreux dialectes et patois parlés en France.
Voici par exemple ce que disait l'Abbé Grégoire, auteur d'un rapport basé sur une véritable enquête sociolinguistique dont le titre parle de lui-même : *Rapport sur la nécessité et les moyens d'anéantir les patois et d'universaliser l'usage de la langue française.*
« Mais au moins on peut uniformer le langage d'une grande nation [...]. Cette entreprise, qui ne fut pleinement exécutée chez aucun peuple, est digne du peuple français, qui centralise toutes les branches de l'organisation sociale, et qui doit être jaloux de consacrer au plus tôt, dans une République une et indivisible, l'usage unique et invariable de la langue de la liberté. »

L'Italie, par exemple, a fait un autre choix : l'italien est la langue officielle du pays, mais énormément de personnes, mêmes jeunes, continuent à parler leur langue ou leur patois local et sont, de fait, bilingues.

Une langue en constante évolution

Dans la première partie du XXe siècle, on parle encore le patois dans certaines régions, mais le français standard continue à se simplifier et à s'uniformiser.
Aujourd'hui, le français est une langue qui évolue toujours, c'est véritablement une langue vivante, par opposition aux langues anciennes telles que le latin. Les débats actuels portent sur la simplification de l'orthographe et de la prononciation, l'influence grandissante de l'anglais sur le français, la concurrence entre formes orales et formes écrites, ou même la notion de « genre des mots ».

La francophonie

Rappelons enfin que la langue française ne se limite pas à la France. La francophonie désigne l'ensemble des pays dans lesquels on parle le français. Elle regroupe la Belgique, la Suisse, ainsi que des pays d'Afrique comme le Sénégal et la Côte d'Ivoire, ou du Maghreb, comme le Maroc, l'Algérie, ou la Tunisie. Elle comprend aussi des enclaves francophones au sein de pays anglophones, tels que la Louisiane aux États-Unis, le Québec et l'Acadie au Canada. Ces français se distinguent les uns des autres par leurs tournures, leur accent, et c'est pourquoi un Québécois et un Français peuvent avoir bien du mal à se comprendre !
Le français et son évolution sont donc liés à l'histoire de la France et à sa politique coloniale. Par exemple, beaucoup de mots du français sont empruntés à l'arabe, comme *toubib* (docteur).

Carte de la francophonie dans le monde, 2007

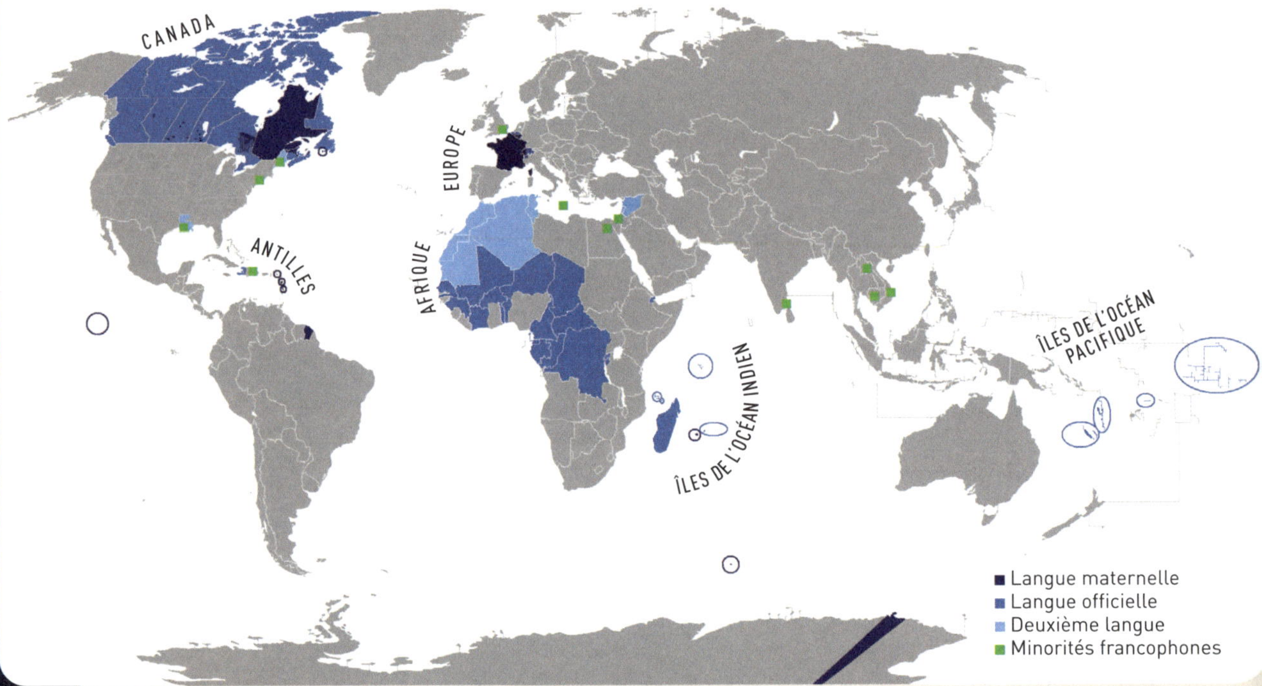

Si le français était la langue des élites européennes et au-delà aux XVIIe, XVIIIe et XIXe siècles, il a depuis été supplanté par l'anglais. Cependant, « 5e langue mondiale par le nombre de ses locuteurs, après le mandarin, l'anglais, l'espagnol et l'arabe, la langue française est la seule, avec l'anglais, à être présente sur les cinq continents. En 2018, sur 106 pays et territoires, 300 millions de personnes sont capables de s'exprimer en français » (observatoire.francophonie.org) !

Petite bible des auteurs et des chefs-d'œuvre du jeu

Les Serments de Strasbourg, 842

Ce qui deviendra la langue française germe sur les décombres de l'empire de Charlemagne

C'est à Strasbourg qu'en 842, deux petits-fils de Charlemagne passent un accord historique, « les Serments de Strasbourg », au détriment de leur frère aîné. Qui sont ces frères et pourquoi ces serments en deux langues ?

800

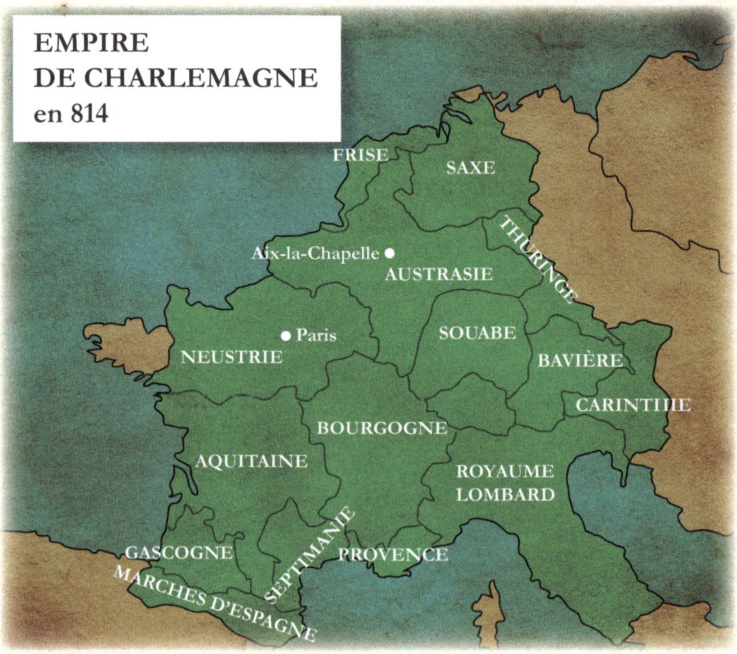

Charlemagne est devenu empereur après trente-deux années de règne sous le nom de Charles Ier en tant que roi des Francs appartenant à la dynastie des Carolingiens. Charlemagne a structuré son royaume, fait d'Aix-la-Chapelle sa capitale, convié des érudits à transmettre leurs connaissances, favorisé l'essor des écrits en langue latine. L'empereur a compris que l'unification d'un territoire passe par l'utilisation d'une seule et même langue. Pour cela, il crée des écoles monastiques dans lesquelles les moines recopient des textes en latin classique et enluminent les manuscrits. On invente et adopte la minuscule caroline, une lettre dérivée de la minuscule primitive et à l'origine de la minuscule moderne.

Il n'a pas inventé l'école, mais il y croyait très fort !

La langue maternelle de Charlemagne est le francique rhénan (une langue germanique). Il parle également le latin, la langue d'une partie de son empire. Il ne savait ni lire ni écrire, mais il s'y est entraîné avec persévérance à l'âge adulte, avec beaucoup de difficultés. C'est pour cela qu'il a encouragé l'apprentissage de la lecture et de l'écriture auprès des jeunes aristocrates, à commencer par ses fils, et qu'il a fait une large place aux intellectuels. Mais bien sûr, l'école existait bien avant lui, depuis la haute antiquité ! En revanche, il était extraordinairement grand, fort, sportif et en bonne santé pour l'époque !

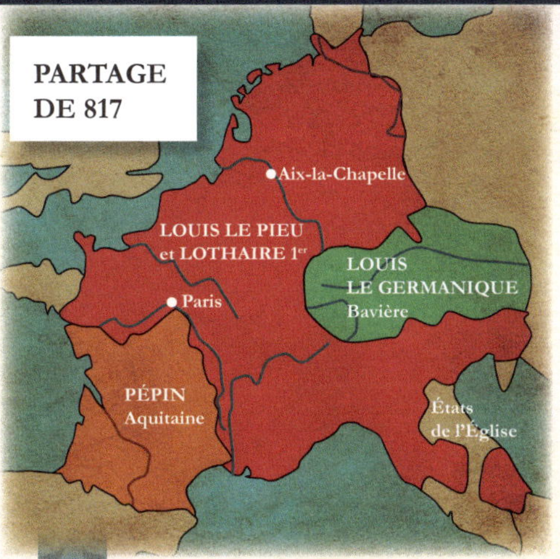

814

Louis le Pieux succède à son père, Charlemagne.

817

Louis le Pieux attribue des terres à chacun des trois fils de son premier mariage (Lothaire, Pépin, Louis). L'aîné, Lothaire, est associé au trône et hérite de l'imperium, c'est-à-dire de l'autorité sur l'empire. Ses frères sont nommés rois de différentes régions de l'empire. Louis le Pieux devient veuf.

819

Louis le Pieux se remarie et a un nouveau fils, Charles, ce qui implique une modification du partage de 817. Lothaire est contre cette modification. Les frères s'opposent les uns aux autres et à leur père pour le partage des terres de l'Empire jusqu'à la mort de Louis le Pieux, en 840.

842

Alors, Lothaire Ier convoite les territoires de ses frères, Charles et Louis (Pépin est mort en 838), qui décident de se liguer contre lui. Ces deux derniers se retrouvent en février 842, sur le lieu actuel de la Plaine des Bouchers, pour prêter serment, devant témoins. Ces serments sont consignés par écrit par l'historien Nithard, à la fois en langue romane, issue du latin, la langue de Charles, et en francique, parlée par les Francs, la langue de Louis. Chacun des frères prononce son serment dans la langue de l'autre, et ce bilinguisme témoigne de l'éclatement de l'empire de Charlemagne.

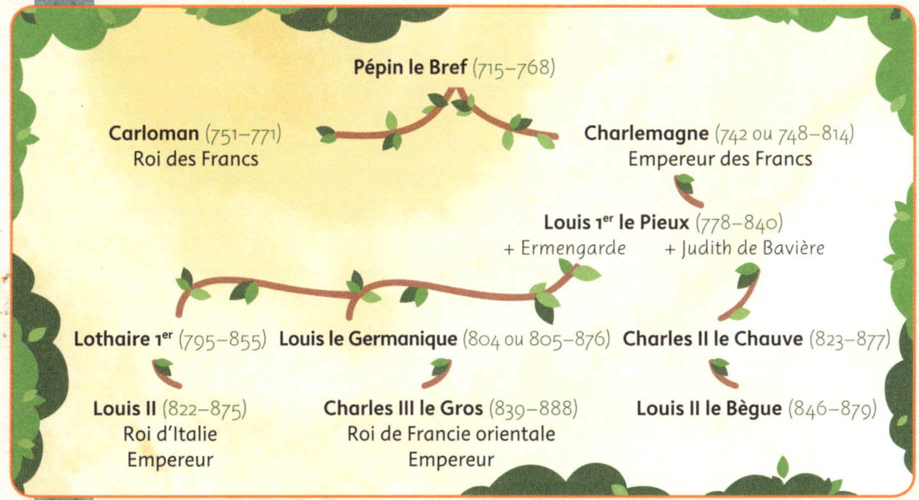

Les descendants de Charlemagne

◀ Louis le Germanique, Charles le Chauve et Lothaire Ier appartiennent à la dynastie des Carolingiens. Ils sont les petits-fils de Charlemagne, lui-même fils de Pépin le Bref et de Berthe aux grands pieds.

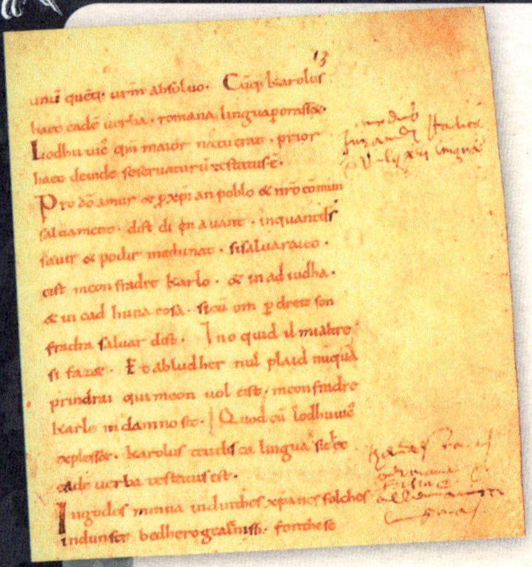

Les *Serments de Strasbourg* constituent le premier texte officiel écrit dans deux langues qui, en fusionnant, deviendront le français. Cette retranscription est en langue gallo-romane. On n'a pas retrouvé de retranscription en francique.

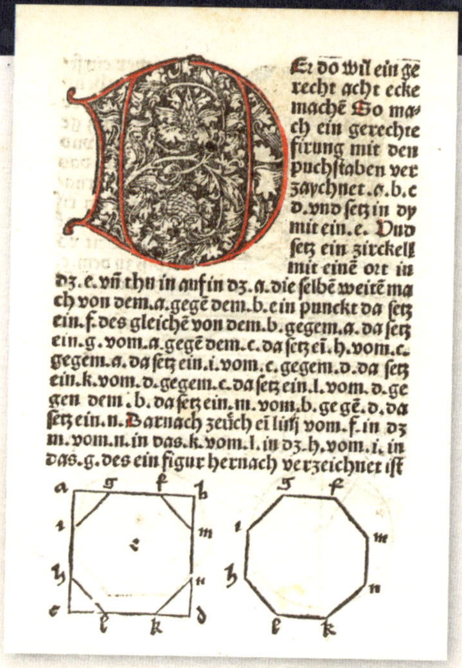

Un exemple de langue germanique.

843

Un an et demi plus tard, en août 843, à Verdun, les trois frères signent un traité qui doit mettre fin à des années de querelles. L'immense territoire qu'avait unifié Charlemagne est divisé. Charles le Chauve obtient la Francie de l'ouest, c'est-à-dire le futur royaume de France. L'empire carolingien ainsi morcelé semble fragilisé et, en effet, il disparaît au tournant du Xe siècle pour de multiples causes, dont son immensité, les redécoupages incessants et les invasions barbares répétées.
En 987, Hugues Capet est élu roi et devient le fondateur d'une nouvelle dynastie, les Capétiens.

À Strasbourg se trouve la plus vieille cathédrale gothique au monde. Il existait déjà une cathédrale à cet emplacement sous le règne de Charlemagne, mais il n'en reste aucun vestige. L'édifice actuel fut commencé en 1015 et achevé en 1439. Pendant deux siècles, il fut le bâtiment le plus haut du monde !

La Cantilène de sainte Eulalie, 880 environ

La première cantilène romane

Le mot *cantilène* désigne, dans la langue médiévale, un récit lyrique et épique.
Transcription d'un texte latin, la *Cantilène de sainte Eulalie* est la première œuvre littéraire qui nous soit parvenue en langue romane. Ce court poème lyrique et épique nous raconte, en vingt-neuf vers en décasyllabes, la vie de la sainte Eulalie de Mérida, martyre chrétienne qui fut brûlée vive en 304.

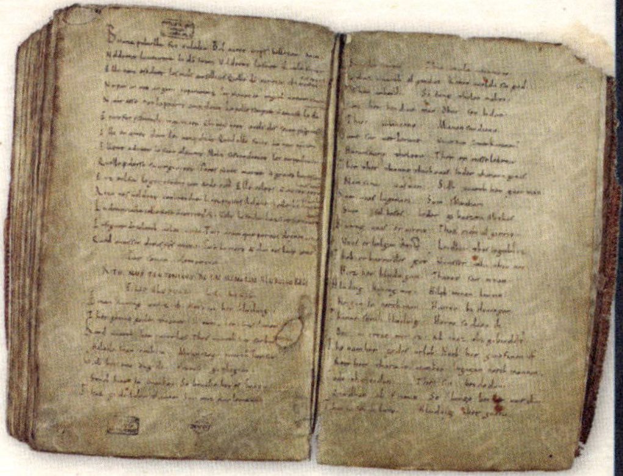

Une transcription très ancienne de la *Cantilène*.

Une sainte martyre enfant

Eulalie naît en Espagne, à Mérida, en 292, qui est alors sous domination romaine. Sa ferveur chrétienne se manifeste dès l'enfance, et on loue sa bonté. Elle n'a que douze ans lorsque, en 303, les empereurs Dioclétien, Maximien, Galère et Constance Chlore prennent ensemble la décision de persécuter des chrétiens en leur demandant de faire des sacrifices aux dieux. Eulalie se présente, toute seule, devant le gouverneur Dacien et lui reproche de vouloir faire disparaître ce qui est pour elle l'unique et seule religion. Le gouverneur l'arrête, menace de la torturer si elle n'abjure pas sa foi et ne partage pas sa couche. Mais la jeune fille, peu impressionnable, refuse de céder et est alors torturée. Ses bourreaux lui déchirent les côtes avec des crocs de fer, mettent à jour ses os, puis la brûlent. Eulalie endure ses souffrances sans se plaindre, ne parlant que pour invoquer Jésus-Christ. Lorsqu'elle est étouffée par les flammes et expire, une colombe sort de sa bouche ! Ses bourreaux sont effrayés et impressionnés par ce prodige.

À titre posthume, Eulalie reçoit la couronne de martyre. Les chrétiens l'enterrent près du forum de Mérida, où l'on construit plus tard une église. On vient de partout pour voir ses reliques, et saint Isidore de Séville raconte, trois siècles plus tard dans *L'Histoire des Goths*, que sainte Eulalie, par de nombreux prodiges, protégea la ville de Mérida des invasions barbares. Ses reliques sont aujourd'hui conservées à Barcelone.

Le martyre de sainte Eulalie.

Le roman de la Rose, 1235-1280 environ

Guillaume de Lorris et Jean de Meung

Code amoureux

L'amour courtois est un code des relations amoureuses au sein de la société seigneuriale du Moyen Âge. Pour les gens de Cour, c'est un idéal à atteindre, et la littérature courtoise un modèle à imiter. Selon le code de l'amour courtois, le chevalier doit se comporter de manière héroïque tout en conservant une attitude élégante, des propos mesurés. Il doit maîtriser ses désirs pour s'engager au service d'une dame, mariée, et passer les épreuves qu'elle lui soumettra. En récompense, elle lui accordera un baiser, une nuit chaste entre ses bras, voire une étreinte plus passionnée.

Roman de la Rose, « L'ami et l'amie ».

Comme dans un rêve

Parce que la rose symbolise l'amour conquis, le jeune poète Guillaume de Lorris donne le nom de *Roman de la Rose* au récit en vers, véritable traité d'amour courtois, qu'il rédige entre 1230 et 1235 – à ne pas confondre avec *Le Nom de la Rose*, d'Umberto Eco.

Dans ce poème, Guillaume de Lorris raconte un songe qu'il aurait fait lui-même : lors d'une promenade, un jeune homme se retrouve devant un haut mur infranchissable (qui symbolise la femme aimée) sur lequel sont représentées plusieurs allégories comme la Haine, l'Avarice ou la Convoitise. Ce mur empêche l'accès à un verger et surtout au Déduit, lieu de l'amour qui rappelle le jardin d'Éden. Dame Oyseuse (ou Oisiveté) lui ouvre la porte. Le jouvenceau est accueilli par de hauts personnages tels que la Beauté, la Richesse ou la Courtoisie. Le poète s'apprête à devenir l'Amant, se met au service de la Courtoisie et affronte diverses épreuves pour avoir le droit de cueillir la Rose.

À l'époque, l'imprimerie n'existait pas et le *Roman de la Rose*, qui rencontra un très grand succès, était entièrement manuscrit, calligraphié et illustré de nombreuses et superbes miniatures et enluminures.

Un roman à quatre mains

Guillaume de Lorris ne parvient pas à terminer son *Roman de la Rose* car il décède entre 1237 et 1240. Quelques décennies plus tard, entre 1275 et 1280, Jean de Meung décide de s'emparer du roman inachevé pour élaborer une suite. Comme Jean de Meung est fort différent de Guillaume Lorris, les deux parties ne se ressemblent en rien, bien que se faisant suite. L'Amant est désormais confronté au cynisme à travers le personnage de Faux-Semblant, qui revêt l'apparence d'un moine et représente l'hypocrisie. Le personnage de la Raison, lui, permet à Jean de Meung d'évoquer ses idées sur la politique et la science, et de dénoncer les incohérences du clergé. Le *Roman de la Rose* devient un véritable traité d'érudition. Surtout, cette deuxième partie frappe les esprits par sa misogynie : l'amour y est vu comme un combat entre l'homme et la femme. Celle-ci est tout sauf digne de confiance, elle est bavarde, inconstante et coquette. Christine de Pizan elle-même s'insurgea ouvertement contre cette deuxième partie et répondit par écrit à Jean de Meung.

Curieuse histoire que celle de cet ouvrage hybride qui devint une œuvre culte et exerça une réelle influence sur la littérature du Moyen Âge. Il est probable que la première partie plut pour son évocation de l'amour et que la seconde fit parler d'elle pour les idées qu'elle exposait !

Roman de la Rose, « Le poète au travail ».

Roman de la Rose, « Le Jardin ».

Le Livre de la Cité des Dames

Christine de Pizan

La première femme de lettre française à vivre de sa plume

La plus précoce de nos poètes ?

Première femme de lettres de la littérature française, Christine de Pizan naît en 1364 à Venise, en Italie, d'une mère vénitienne et d'un père médecin et astrologue, originaire de Bologne. Celui-ci, Thomas de Pizan, travaille alors à l'université de Bologne. Lorsque Charles V, le roi de France, demande au père de Christine de le rejoindre et de travailler pour lui, la famille quitte la République de Venise et s'installe à la Cour. Christine, dont les dispositions intellectuelles ont été très tôt remarquées par son père, peut alors recevoir une éducation relativement complète, à l'image de celle des jeunes filles issues de la noblesse française. Elle apprend aussi beaucoup au sein du cercle familial, grâce à son père. Charles V, qu'elle croise régulièrement à la Cour, la marque par sa sagesse et sa tempérance. À la même époque, elle se met à composer des poèmes, activité en vogue à la Cour, et la ballade devient sa forme de prédilection. Elle connaît le français, l'italien et le latin, et c'est tout naturellement qu'elle choisit d'écrire en français, la langue de son pays d'adoption.

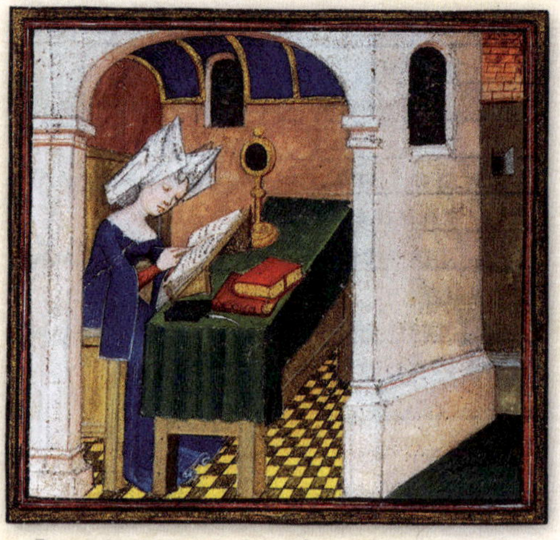

Dame Christine de Pizan à sa table de travail.

Amoureuse comblée, puis désespérée

En 1379, à l'âge de quinze ans, Christine de Pizan épouse Étienne du Castel, de neuf ans son aîné. Originaire de Picardie, il est notaire et secrétaire de Charles V. Les deux jeunes gens tombent éperdument amoureux et vivent un bonheur parfait. Dans « Les douceurs du mariage », Christine raconte ce fol amour né dès leur première nuit :

« Douce chose est que mariage ;
Je le puis bien par moi prouver.
Voire à qui mari bon et sage
A, comme Dieu m'a fait trouver. »

Dans la dixième année de leur mariage, Étienne est emporté par la peste. Christine chantera son chagrin et son désespoir dans deux de ses poèmes les plus connus, « La fille qui n'a point d'ami » (« À qui dira-t-elle sa peine, / La fille qui n'a point d'ami ? ») et « Seulette suis et seulette veux être » (« Seulette suis partout et en tout aître, / Seulette suis, que je marche ou je siée, »).

Écrivaine et femme d'affaires

Christine a désormais vingt-cinq ans et, à sa charge, trois enfants à nourrir, ainsi que sa mère, veuve elle aussi. Elle décide de ne pas se remarier et de se consacrer pleinement à l'écriture : c'est en tant qu'« homme de lettres », puisqu'à l'époque la forme féminisée n'existe pas, que Christine pourvoit à ses besoins et à ceux de sa famille ! Pour cela, elle approfondit ses connaissances en histoire, continue à entretenir les liens qu'elle a tissés à la Cour et y trouve de nouveaux appuis parmi les hommes, impressionnés par son courage et sa persévérance.

Christine de Pizan se met à écrire des textes véritablement ambitieux et féministes. Les *Cent ballades d'amant et de dame* proposent une réflexion à la fois vibrante et moderne sur son statut de femme, et elles rencontrent un grand succès. Dans *Le Livre des trois vertus à l'enseignement des dames* et dans l'*Epistre à Isabelle de Bavière*, Christine de Pizan évoque les fonctions éducatives qui incombent aux femmes et valorise leur éducation et leur formation. Elle se penche aussi sur la politique et dirige un atelier de copistes.

Bénéficiant d'une aura et d'une autorité certaines, Christine de Pizan voit son œuvre traduite et lue dans plusieurs langues, notamment en anglais. Elle devient l'exemple même de l'écrivain rencontrant le succès de son vivant, mais aussi de la femme ayant su prendre son destin en main et relever la tête dans l'adversité.

Féministe médiévale

C'est parce qu'elle souhaite riposter envers le *Roman de la Rose*, dont certains passages la heurtent par leur misogynie, que Christine écrit *Le Livre de la Cité des Dames*. Adaptation des *Dames de renom* de Boccace, l'œuvre constitue une galerie de portraits de trente-six femmes célèbres présentées comme exemplaires. On y croise des figures bibliques – telles Déborah ou Élisabeth, la mère de Jean-Baptiste –, des saintes, comme sainte Geneviève, la patronne de Paris, des femmes ayant marqué l'histoire, comme Blanche de Castille, et des héroïnes de la mythologie, qui sont toutes réunies au sein d'une cité. C'est un véritable panthéon féminin et personnel que nous propose la poétesse.

La page originale avant retouche pour les besoins du jeu !

En 1421, Christine de Pizan se retire au couvent de Poissy, tout en continuant d'écrire. En 1429, elle apprend qu'une certaine Jeanne d'Arc a décidé de libérer la France des Anglais et de faire sacrer le dauphin Charles VII à Reims. Il n'en faut pas plus pour que l'écrivaine s'attelle au *Ditié de Jeanne d'Arc*, un poème en hommage à la jeune fille. Il est publié un an avant la disparition de Christine de Pizan en 1430.

Gargantua, 1534

François Rabelais

Un moine défroqué devenu médecin !

Médecin, prêtre, devenu homme de lettres, François Rabelais est un personnage haut en couleurs, qui sut accorder une place de choix, dans ses écrits, au rire et à la fantaisie. Il naît entre 1483 et 1494 en Touraine. Issu d'une famille aisée, François Rabelais reçoit une éducation particulièrement complète. Il intègre un couvent en tant que frère, mais se heurte très rapidement à une culture religieuse qu'il juge trop fermée. On lui confisque notamment ses ouvrages en grec ancien. Qu'à cela ne tienne, Rabelais quitte son habit de moine (on appelle ce geste l'« apostasie », et l'apostasie est alors assimilée à un crime) et gagne probablement Paris, où il commence des études de médecine.
Rabelais s'inscrit ensuite à la prestigieuse faculté de médecine de Montpellier. Devenu médecin, ce touche-à-tout s'établit à Lyon, voyage en Italie et choisit peu à peu de se consacrer à la littérature. Très critique envers les théologiens et l'emprise de l'Église sur l'éducation, Rabelais est attaché à l'éducation, au savoir, à « un esprit sain dans un corps sain » et, plus que tout, il refuse l'obscurantisme et l'ignorance, à l'origine des guerres et conflits. C'est un humaniste.

Des histoires de géants pour dénoncer les excès de la société

Rabelais raconte l'histoire de deux géants, Gargantua (le père) et Pantagruel (son fils), pour transmettre ses idées. Comme il nous l'explique dans le prologue de Gargantua, « l'habit ne fait pas le moine » et « c'est pourquoi il faut ouvrir le livre et soigneusement peser ce qui y est exposé. C'est alors que vous vous rendrez compte que l'ingrédient contenu dedans est de bien autre valeur que ne le promettait la boîte ».
Les géants de Rabelais vivent dans la démesure, rient toujours plus fort, se moquent du monde des humains qui s'agitent sous leurs pieds. Rabelais va ainsi jouer de l'immensément grand et du ridiculement petit (quand Gargantua pisse sur Paris, cela crée une inondation) pour dévaloriser les notables et les institutions, et pour mieux célébrer l'irrévérence et la gauloiserie.

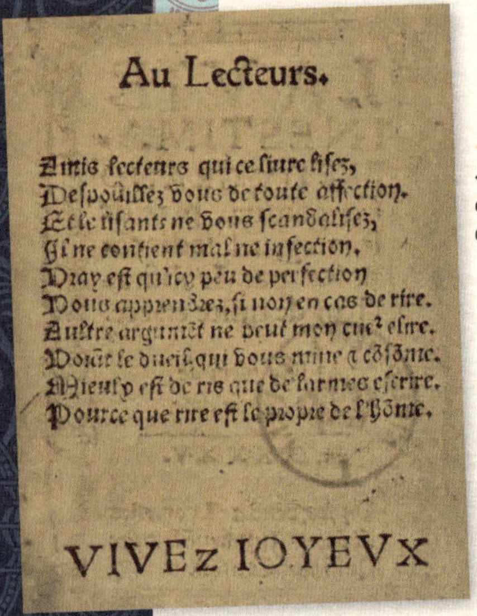

Au Lecteurs.

Amis lecteurs qui ce livre lisez,
Despouillez vous de toute affection.
Et le lisants ne vous scandalisez,
Il ne contient mal ne infection.
Vray est qu'icy peu de perfection
Vous apprendrez, si non en cas de rire.
Aultre argumēt ne peult mon cuer elire.
Voyāt le dueil, qui vous mine & cōsomme.
Mieulx est de ris que de larmes escrire.
Pource que rire est le propre de l'hōme.

VIVEz IOYEVX

Gargantua, « Au lecteur », édition de 1535.

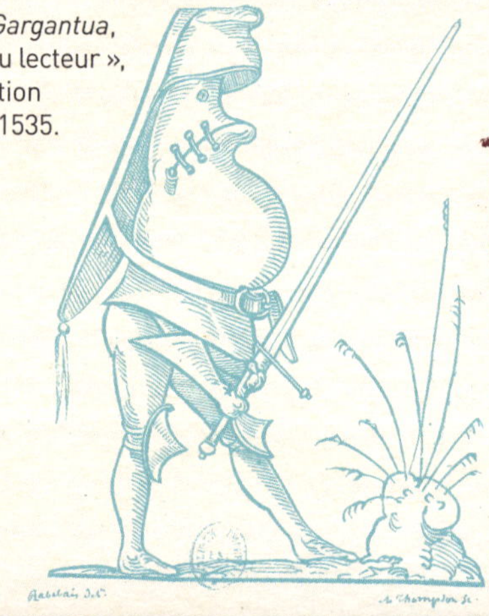

Les Songes drolatiques de Pantagruel, gravures de Richard Breton (vraisemblablement pseudonyme de François Desprez), 1565.

Jeux de langue

Rabelais utilise un « latin de cuisine » qui se moque du latin classique, invente des mots à grand renfort de suffixes (comme *sorbonicolificabilitudinissemement*). Grâce à lui, la langue française s'enrichit de mots d'origines étrangères diverses : *génie, célèbre, patriotique, frugal, automate, horaire, indigène* !

Les histoires de Rabelais sont truffées de jeux de mots et d'expressions devenus célèbres :

– contrepèteries (« femme folle à la messe ») ;

– anagrammes (tel son pseudonyme *Alcofribas Nasier*, anagramme de « François Rabelais ») ;

– calembours (« Le grand Dieu fit les planètes et nous faisons les plats nets » ; « Science sans conscience n'est que ruine de l'âme »)

– « moutons de Panurge », « substantifique moelle », « dive bouteille »...

Et son héritage contient également, bien sûr, les mots *gargantuesque* et *pantagruélique* !

➤ *Gargantua*, gravure de Gustave Doré, 1851.

Gargantua, ou si l'éducation m'était contée

La Vie très horrifique du grand Gargantua, père de Pantagruel, relate le parcours et l'éducation de Gargantua, fils de Grandgousier et de Gargamelle. Né de l'oreille gauche de sa mère, Gargantua vit les premières années de sa vie de façon extrêmement libre, assouvissant ses instincts primaires. Il reçoit un premier enseignement fondé sur le par cœur, l'absence de réflexion, basé sur l'enseignement des théologiens, comme c'était la coutume au Moyen Âge. Après avoir bu une potion pour vider son cerveau des principes que lui avaient enseignés les théologiens, Gargantua est ensuite instruit par Ponocrates, un précepteur humaniste, qui transforme véritablement le jeune géant et lui apporte des bases encyclopédiques, hygiénistes et humanistes solides.

À la fin du roman, Rabelais nous décrit l'abbaye de Thélème. La règle de cette abbaye, « Fay ce que tu vouldras », est un plaidoyer pour la pensée humaniste et constitue, sur le plan littéraire, la première utopie française. Alors que les géants n'étaient qu'excès et gauloiserie, les nobles gens qui peuplent l'abbaye de Thélème sont des personnages aussi bien nés que bien élevés.

Les Regrets, 1558

Joachim du Bellay

Mais qui est Joachim du Bellay, un des plus grands poètes français du XVIe siècle avec Pierre de Ronsard ?

Il naît en 1522 à Liré, petit village de l'Anjou. Son père est gouverneur de Brest, sa mère est l'héritière du château de La Turmelière, à Liré. Orphelin très jeune, Joachim s'intéresse à la poésie et suit des études de droit à Poitiers. Puis, à Paris, il étudie la littérature latine et rencontre Pierre de Ronsard et Jean-Antoine Baïf, deux autres futurs membres créateurs de la Pléiade.

La Pléiade

En 1549, Ronsard réunit autour de lui des poètes désireux d'écrire des poèmes lyriques, et notamment des sonnets, dans un français à la fois moderne et sublimé.

Ce groupe de sept poètes, du nombre des Pléiades dans la mythologie grecque, s'appelle d'abord « la Brigade », puis « la Pléiade ». Les premiers membres sont Pierre de Ronsard, Joachim du Bellay, Jean-Antoine de Baïf, Étienne Jodelle, Rémy Belleau, Jacques Peletier et Pontus de Tyard.

C'est du Bellay lui-même qui écrit le manifeste du groupe, La Défense et illustration de la langue française. Le jeune Angevin y pose les fondations d'un français renouvelé, inspiré des poètes classiques, mais aussi la légitimation d'un art profane, la comédie. Du Bellay l'affirme : les rois et les républiques doivent restaurer les comédies et les tragédies « en leur ancienne dignité, qu'ont usurpée les farces et moralités ». Pour cela, il s'agira d'écrire des pièces dans ce nouveau français prôné par les poètes de la Pléiade.

Le vieil esprit gaulois (Origines de la langue) N° 10

Collection C. CHARIER

Tous droits réservés.

LA RÉFORME DE LA POÉSIE (la Pléiade, 1549-89). — Ronsard montre à ses condisciples la constellation qu'il considère comme l'emblème lumineux qui les guidera dans la rénovation de la poésie.

Le poète de la nostalgie

Lorsqu'il écrit *Les Regrets*, entre 1553 à 1557, du Bellay, est à Rome. Il a quitté la France pour assister son oncle, le cardinal Jean du Bellay, lors de son séjour à la cour pontificale. Alors que le jeune trentenaire rêverait de découvrir Rome ainsi que la culture antique, il est accaparé par les intrigues et les complots de la cour pontificale et amer de constater que la Rome qu'il découvre n'est pas à la hauteur de celle évoquée dans les textes classiques qu'il a autrefois étudiés.
En tant que membre de la Pléiade, du Bellay a alors déjà écrit de nombreux sonnets, comme dans le recueil *L'Olive*. Ses sonnets s'inspirent des auteurs grecs et latins et ne témoignent pas encore d'une esthétique pleinement affirmée. Dans *Les Regrets*, du Bellay délaisse

le lyrisme amoureux, marque de fabrique des poètes de la Pléiade, et se sert du sonnet pour proposer une réflexion à la fois cynique et amère sur le malheur humain. Le poète y dépeint sa condition d'exilé dans une ville qui le déçoit. Les sonnets des *Regrets* sont brillants, révèlent un auteur dans toute sa complexité et célèbrent surtout l'Anjou, hissé au rang de nouvelle Ithaque.

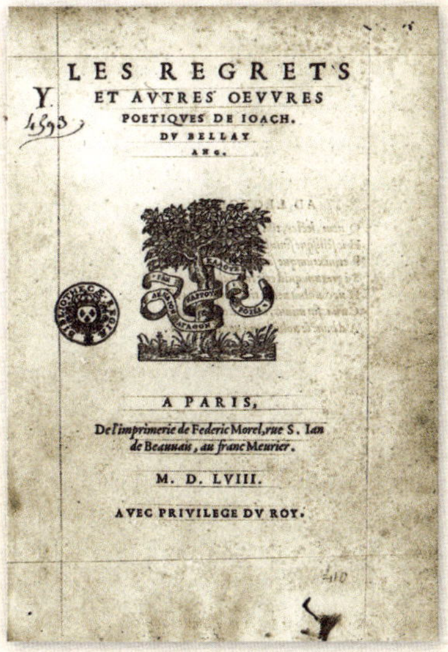

LES REGRETS
ET AVTRES OEVVRES
POETIQVES DE IOACH.
DV BELLAY
ANG.

A PARIS,
De l'imprimerie de Federic Morel, rue S. Ian de Beauuais, au franc Meurier.
M. D. LVIII.
AVEC PRIVILEGE DV ROY.

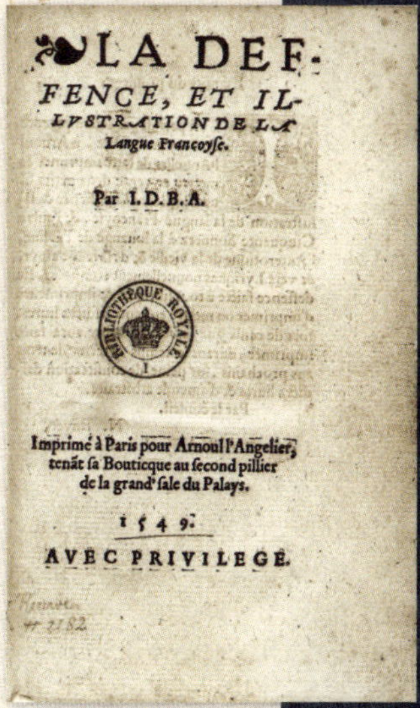

LA DEF-
FENCE, ET IL-
LVSTRATION DE LA
Langue Francoyse.
Par I.D.B.A.

Imprimé à Paris pour Arnoul l'Angelier, tenãt sa Boutique au second pillier de la grand' sale du Palays.
1549.
AVEC PRIVILEGE.

Les Regrets achevés, du Bellay se lance dans la rédaction des *Antiquités de Rome*, qui seront publiés la même année, en 1558. Le poète rend cette fois hommage à la Rome antique et à son glorieux passé. Les deux recueils puisent donc leur inspiration dans la ville éternelle et le sentiment d'insatisfaction, et *Les Regrets* seront mal perçus par le cardinal du Bellay et son entourage.

Progressivement atteint par la surdité, du Bellay rentre en France en 1557. Il meurt trois ans plus tard, à l'âge de trente-sept ans. Réformateur et créateur, Joachim du Bellay a apporté à la langue et à la poésie françaises un véritable renouveau.

Connaissez-vous l'origine du mot *nostalgie*, cet état de langueur et de tristesse causé par un regret persistant de son pays natal ? Le mot *nostalgie* vient du grec ancien *nostos*, qui signifie « le retour », ainsi que de « algie », la douleur ». C'est un aède, un poète grec, qui, à la fin du VIIIe siècle avant notre ère, a chanté et sublimé le « Nostos », avec un grand N, en racontant l'histoire d'un héros ayant mis des années avant de retrouver sa terre natale. Cette œuvre, c'est bien sûr l'*Odyssée* ! Voyageur malgré lui parce qu'il avait déchaîné le courroux de Poséidon, Ulysse ne retrouve sa femme, Pénélope, et son fils Télémaque, qu'au bout de dix années d'errance.

Ce n'est peut-être donc pas un hasard si un des poèmes les plus connus de Joachim du Bellay, « Heureux qui comme Ulysse », rend hommage au héros de l'*Odyssée*. Joachim du Bellay, tel Ulysse, y apparaît comme un poète mélancolique, mû par un besoin impérieux de revoir son pays natal.

Lettres, 1648 à 1696

Mme de Sévigné

Madame la Marquise

Marie de Rabutin-Chantal, devenue « marquise de Sévigné » lors de son mariage et connue sous le nom de Mme de Sévigné, est probablement la plus grande épistolière française. Elle naît à Paris en 1626. Très tôt orpheline, elle est élevée par ses grands-parents. Dotée d'une excellente éducation, elle épouse, à l'âge de dix-huit ans, Henri de Sévigné. Le couple a deux enfants, Charles et Françoise, mais Mme de Sévigné perd son époux après sept années de mariage lorsqu'il est tué au cours d'un duel.

En 1669, Françoise, âgée de vingt-trois ans, épouse François de Grignan. Il s'agit pour lui d'un troisième mariage – mais la jeune Françoise apporte une dot colossale… Deux ans plus tard, le comte de Grignan est nommé gouverneur en Provence. Mme de Sévigné voit sa fille Françoise la quitter pour suivre son mari. La Provence est loin de Paris, et entreprendre le voyage constitue une véritable aventure à l'époque.
Désespérée par cette séparation, Mme de Sévigné se met à écrire à sa fille deux à trois lettres par semaine, vingt-cinq années durant, afin de surmonter la douleur de l'absence. Elle écrit aussi à son cousin Bussy-Rabutin et à ses amis.

D'une mère à sa fille

Mme de Sévigné apparaît dans ses lettres avant tout comme une mère inquiète s'adressant à sa fille, et les tracas du quotidien tiennent une grande place dans cette correspondance. Ainsi, elle conseille à Mme de Grignan de ne pas placer sa fille Pauline trop tôt au couvent, elle l'encourage à se former en autodidacte à la médecine pour pouvoir se soigner. La veuve semble aussi regretter parfois l'ascendant que semble exercer son gendre sur sa fille, et plusieurs de ses lettres constituent un véritable traité féministe. Mais Mme de Sévigné est également une femme sensible qui a peur de la mort et de la maladie, comme lorsque Mme de Grignan ou sa propre tante, Henriette de Coulanges, tombent malades.

L'hôtel de Coulanges, place des Vosges, Paris. Philippe Ier de Coulanges était le grand-père maternel de la future madame de Sévigné. Elle est née dans cet hôtel.

Peinture d'une époque

Mme de Sévigné raconte moult détails sur les événements et personnages de la Cour, qu'il s'agisse du suicide de Vatel, de la mort de la marquise Brinvilliers impliquée dans l'affaire des Poisons, ou de la parution de *Comment l'esprit vient aux filles*, conte licencieux de Jean de La Fontaine. En cela, ces lettres constituent un document historique exceptionnel, et il serait injuste et faux de réduire Mme de Sévigné à une femme uniquement intéressée par les mondanités.

Une correspondance par-delà les siècles

Contrairement au journal intime, format plus solitaire et introspectif, la lettre est propice à l'échange. Si les lettres de Mme de Sévigné ont traversé les siècles, c'est parce qu'elles brossent le portrait d'une formidable épistolière, d'une femme attachante, avec ses contradictions, qui a su sublimer l'anecdote et l'art de la conversation.

La liberté d'esprit dont Mme de Sévigné fait preuve, on la retrouve dans son style. Et si ces lettres sont si agréables à lire, c'est qu'elles se jouent de la rigueur classique. Mme de Sévigné ne cherche pas à écrire une œuvre littéraire, elle écrit pour son plaisir et pour son usage personnel et privé. Les idées sont ajoutées les unes à la suite des autres, comme elles viennent. Les phrases sont longues et agrémentées de virgules, qui donnent au texte un rythme entraînant, spontané et agréable. La ponctuation riche renforce cette impression de proximité et d'immédiateté et l'on a souvent l'impression que la scène décrite se déroule sous nos yeux, tant elle paraît vivante !

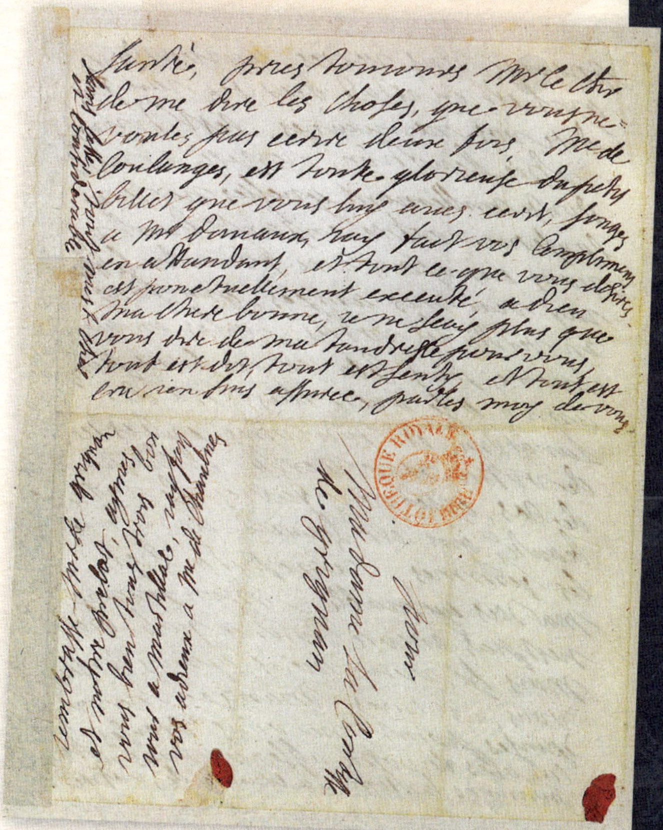

Mais c'est dans les lettres exprimant son inquiétude qu'apparaissent le mieux le cœur et la personnalité de Mme de Sévigné. La mère inquiète y utilise de nombreuses répétitions qui trahissent son angoisse ainsi que son besoin impérieux d'obtenir une réponse : à cette époque, le téléphone n'existe pas, les lettres mettent plusieurs jours à arriver. Mme de Sévigné est devenue la mère qui écrit à toutes les filles du monde entier.

L'île de la Félicité, 1690

Madame d'Aulnoy

Une vie romanesque

Issue de la petite noblesse normande, âgée de quinze ans, Marie-Catherine Le Jumel de Barneville est contrainte d'épouser François de La Motte, baron d'Aulnoy, de vingt ans son aîné. Parce que son mari est un homme violent et un débauché, Mme d'Aulnoy tente de s'en séparer en montant tout un complot pour le faire accuser de propos dissidents envers le roi Louis XIV. La manœuvre n'aboutit pas et Mme d'Aulnoy, jugée subversive et scandaleuse, est contrainte de s'exiler. Elle parvient à quitter la France dans des conditions dignes d'un roman d'aventures et séjourne en Espagne, puis en Angleterre afin de se faire oublier. De ses expériences, elle tire deux ouvrages autobiographiques qu'elle publie, *Mémoires de la cour d'Espagne* et *Mémoires de la cour d'Angleterre*. De retour en France à trente-cinq ans, Mme d'Aulnoy ouvre un salon littéraire fréquenté par la société mondaine et les femmes les plus brillantes de son temps.

Des précieuses pas du tout ridicules

Mme d'Aulnoy est une des représentantes de la préciosité, que Molière raille dans *Les Précieuses ridicules*. Ce mouvement essentiellement féminin repose sur l'art de la conversation, les bonnes manières et l'amour. Les Précieuses permettent à une minorité de femmes de se cultiver et de nouer des relations intellectuelles, authentiques, et parfois même amicales, avec les hommes qu'elles croisent dans les salons.

En 1690, Mme d'Aulnoy publie *Histoire d'Hippolyte, comte de Douglas*, qui rencontre un immense succès. C'est au sein de cet ouvrage que se trouve « L'Île de la félicité », le premier conte de fées littéraire publié en France. Bien que destiné aux enfants, le conte tient autant de la satire de la société galante que de l'univers merveilleux. Il plaît énormément et lance la vogue des contes de fées, ce genre moderne et subversif. Charles Perrault marche sur ses traces en publiant les *Contes de ma mère l'Oye* en 1697.

Mme d'Aulnoy devient une conteuse prolifique et, en 1697 et 1698, elle publie les *Contes des fées*, puis les *Contes nouveaux ou les Fées à la mode*, parmi lesquels on trouve des chefs-d'œuvre comme « L'Oiseau bleu », « Le Nain jaune » ou « Finette Cendron ». Si elle publie ses contes de façon anonyme, personne n'est dupe et on l'identifie comme l'auteur de ces récits, d'autant qu'elle teste ses contes sur son auditoire, au sein de son salon. Les écrits de Mme d'Aulnoy témoignent de son souci pour le beau langage à travers l'emploi de néologismes et d'un lexique raffiné.

Féminisme et oubli

Ces contes, qui se déroulent dans des décors fastueux et enchanteurs, tranchent avec l'austérité de la fin du siècle de Louis XIV et apparaissent tels de petits divertissements. Pourtant, derrière l'onirisme, Mme d'Aulnoy propose une véritable réflexion féministe, s'attaquant notamment au mariage forcé et prônant l'accomplissement individuel.

Si Mme d'Aulnoy est aujourd'hui quelque peu oubliée, son œuvre fut, au XVIIIe siècle, davantage lue que celle de Perrault et elle influença les contes merveilleux allemands et italiens publiés au XIXe siècle.

L'Encyclopédie, 1751-1772

Diderot

Le projet d'une vie…

Réalisée collectivement et sous la direction de Diderot, *L'Encyclopédie ou Dictionnaire raisonné des sciences, des arts et des métiers* est un ouvrage majeur du XVIIIe siècle et la toute première encyclopédie française. Composée de soixante mille entrées, dix-sept volumes de textes et onze volumes de planches, cette encyclopédie considérable constitue une synthèse des connaissances de l'époque.

Denis Diderot, écrivain, philosophe et auguste représentant des Lumières, est l'homme idéal pour mener à bien ce projet, auquel il songe dès 1747. Il a alors trente-quatre ans. Avec ce projet, Diderot cherche à créer un ouvrage d'utilité publique, accessible au plus grand nombre, susceptible de susciter l'émerveillement comme l'intérêt pour l'érudition et d'éveiller à la pensée critique chère aux Lumières. Fait extraordinaire pour l'époque, le livre est accompagné de superbes planches, incroyablement précises. Rappelons qu'alors, la photographie n'existait pas. Les illustrations sont fondamentales pour rendre le savoir accessible à ceux qui ne savent pas lire et ce sont ces dessins qui ont contribué à la renommée de l'*Encyclopédie*.

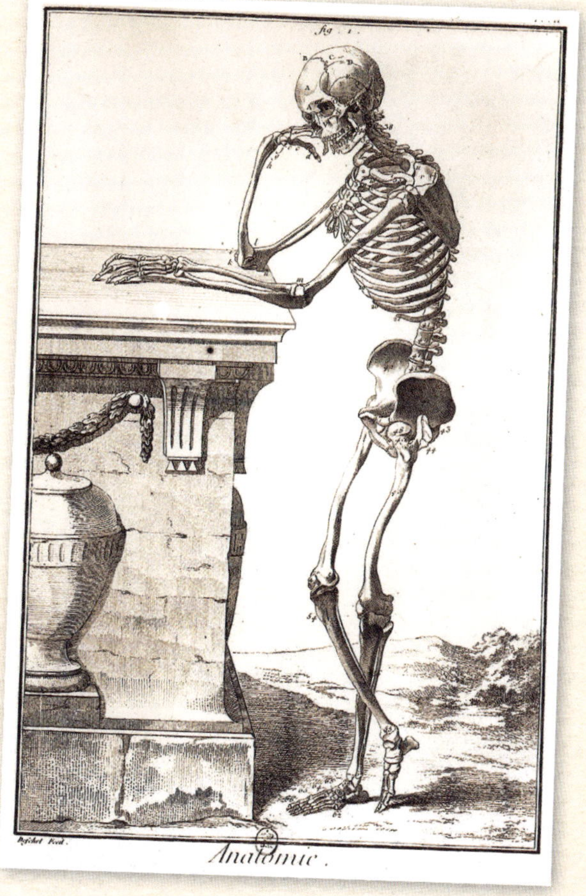

Sur le plan intellectuel, Diderot veut montrer que la notion de ce qui est vrai, et donc susceptible d'être transmis, relève non plus du divin, mais de la raison et du savoir humain, et que la connaissance va à l'encontre de la tradition et de l'emprise de l'Église. En rendant ce savoir accessible, l'*Encyclopédie* s'inscrit pleinement dans l'esthétique et la philosophie des Lumières, selon lesquelles la raison est vectrice de progrès. Diderot l'écrit : « Il faut tout examiner, tout remuer sans exception et sans ménagement. »

… mais l'œuvre d'un collectif

Plusieurs auteurs de renom participent à cette initiative ambitieuse qui prend quarante-deux ans, et pas moins de vingt années de la vie de Diderot : d'Alembert, qui assiste Diderot, Voltaire, Montesquieu, Condillac, Marmontel. Ils sont assistés par près de trois cents collaborateurs.

Le livre se présente comme un ensemble d'articles dans l'ordre alphabétique. Diderot écrit les articles « Cour » et « Autorité politique », Montesquieu l'article « Démocratie », Rousseau celui sur la musique, Voltaire ceux sur l'esprit, l'imagination ou l'éloquence, Damilaville celui sur la paix. Les articles sur la politique montrent que les Lumières remettent en cause la monarchie absolutiste.

٠ ١ ٢ ٣ ٤

Mais l'*Encyclopédie* n'est pas consacrée qu'au monde des idées ! Fait notable, une part importante est accordée à ce qui est appelé les « arts mécaniques », qu'il s'agisse de l'horlogerie ou de l'architecture. Les illustrations, essentielles sur ces thématiques, présentent les arts et techniques : on y découvre aussi bien les ustensiles des cuisiniers que les instruments du peintre ou les outils des paysans. L'importance accordée à l'anatomie, la précision apportée dans la représentation du squelette du corps humain témoignent également de l'audace des Encyclopédistes.
Les Jésuites réussirent d'ailleurs à faire interdire l'ouvrage dans sa première version, et le pape Clément XIII demanda aux catholiques qui auraient en leur possession un exemplaire de le brûler.

Cette censure témoigne, d'une certaine façon, que l'objectif principal de l'*Encyclopédie*, celui de diffuser les idées des Lumières en Europe, puis dans le monde entier, a été atteint.

Patissier, Tour à Pate, Bassines, Mortier &c.

Dans les dictionnaires

Au XVIIIe siècle, le mot *encyclopédie*, qui désigne un ouvrage dans lequel est traité de façon méthodique ou alphabétique l'ensemble des connaissances, passe dans le vocabulaire courant, grâce au succès de l'ouvrage des Lumières. Ce procédé, qui consiste dans le passage d'un nom propre (*Encyclopédie*) à un nom commun (*encyclopédie*), s'appelle une « antonomase ».

٥ ٦ ٧ ٨ ٩

La Petite Fadette, 1849

George Sand

Une femme libre

Le 1er juillet 1804, à Paris, naissait Amantine, Aurore, Lucile Dupin, plus connue sous le nom de George Sand. La légendaire femme de lettres fumant le cigare, portant le pantalon, prenant de nombreux amants, est l'amie et la confidente de Victor Hugo, Gustave Flaubert, Eugène Sue ou Dumas fils, pour ne citer qu'eux.

Elle mène une existence mouvementée, s'intéressant à la politique comme au statut des femmes au sein du mariage. Elle œuvre également le plus possible pour une meilleure redistribution des richesses.

Après Paris, Venise avec Alfred de Musset, Majorque avec Chopin, George Sand décide, après la Révolution de 1848 qui la déçoit, de se détourner de la politique. Elle s'installe définitivement à Nohant, où elle vivra jusqu'à sa mort.

Un attachement indéfectible au Berry

George Sand, a grandi à Nohant, dans le Berry, auprès de sa grand-mère. Elle s'y était liée d'amitié avec les enfants des paysans voisins, et ses lettres et écrits biographiques témoignent de son attachement à son pays de cœur :

Corlay, monument érigé en souvenir des romans de George Sand.

« Je t'ai laissé partir, mais à la condition que tu reviendrais passer ici tous les étés. Dès à présent, n'oublie pas cela non plus. Je t'envoie ce roman comme un son lointain de nos cornemuses, pour te rappeler que les feuilles poussent, que les rossignols sont arrivés, et que la grande fête printanière de la nature va commencer aux champs. »

George Sand, dédicace du roman *Les Maîtres Sonneurs*, 1853.

La peinture du monde paysan

À Nohant, George Sand se consacre à des œuvres champêtres empreintes de naïveté dans lesquelles s'exprime sa quête de vérité.

L'héroïne de *La Mare au diable* est une jeune et jolie bergère. Pauvre et courageuse, innocente et douce, elle aime les enfants, qui le lui rendent bien.

La Petite Fadette raconte l'histoire d'un paysan berrichon de vingt-huit ans, veuf et père de trois enfants qui aident aux travaux des champs et auraient besoin d'une mère.

Dans *Les Maîtres Sonneurs*, George Sand raconte les traditions et rites des « maîtres sonneurs », c'est-à-dire des sonneurs de cornemuse. La cornemuse était alors populaire dans le centre de la France et le roman dépeint la rivalité entre sonneurs berrichons et sonneurs bourbonnais.

Dans *Légendes rustiques*, George Sand fait preuve d'audace – pour l'époque – en évoquant les « laveuses de nuit ou Lavandières », ces spectres féminins qui seraient les âmes de mères infanticides condamnées à laver leur linge jusqu'à la fin des temps.

Une défenseuse des patois

George Sand a à cœur de faire découvrir le monde paysan sans le trahir ni le moquer, notamment aux yeux de son lectorat parisien. Elle tente de mettre à l'honneur le patois local, qu'elle ne peut entièrement restituer (un roman en patois berrichon serait incompréhensible !), mais qu'elle tient à employer, ne serait-ce que par authenticité et honnêteté.

La *Petite Fadette* comporte ainsi de nombreux mots régionaux, qui font tout le sel et le charme du roman :

– une « fadette » est un lutin, une petite fée ;
– un « grelet » est un grillon, mais aussi quelqu'un de maigrelet ;
– un « sauteriot » est une sauterelle ;
– la pleurésie est désignée sous le terme de *sanglaçures*.

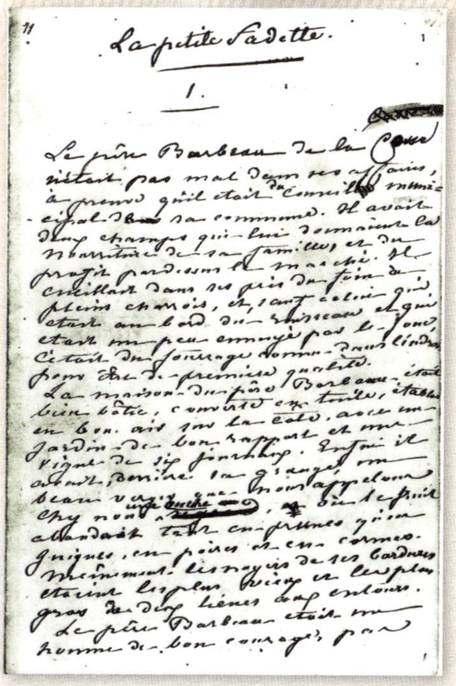
La petite Fadette.

1.

Le père Barbeau de la Cosse n'était pas mal dans ses affaires, à preuve qu'il était du conseil municipal de sa commune. Il avait deux champs qui lui donnaient la nourriture de sa famille, et du profit par-dessus le marché. Il cueillait dans ses prés du foin à pleins charrois, et, sauf celui qui était au bord du ruisseau, et qui était un peu ennuyé par le jonc, c'était du fourrage connu dans l'endroit pour être de première qualité. La maison du père Barbeau était bien bâtie, couverte en tuile, établie en bon air sur la côte, avec un jardin de bon rapport et une vigne de six journaux. Enfin il avait, derrière sa grange, un beau verger, que nous appelons chez nous une ouche, où le fruit abondait tant en prunes qu'en guignes, en poires et en cormes. Mêmement les noyers de ses bordures étaient les plus vieux et les plus gros de deux lieues aux entours. Le père Barbeau était un homme de bon courage, pas

Cyrano de Bergerac

Edmond Rostand

Un réel héros

Saviez-vous que Cyrano de Bergerac a vraiment existé ? Le héros de la pièce d'Edmond Rostand, Cyrano de Bergerac, s'appelle en réalité Hercule Savinien Cyrano de Bergerac. Pour écrire la pièce qui deviendra son chef-d'œuvre, Edmond Rostand choisit de s'inspirer de la vie d'un homme de lettres du XVIIe siècle, totalement tombé dans l'oubli, et en fait un héros inoubliable.

Amoureux par proxy

Que raconte *Cyrano de Bergerac* ? Nous sommes au XVIIe siècle, et l'intrigue tourne autour d'un triangle amoureux. Cyrano est un homme qui a le verbe haut, qui aime les mots et qui, à cause de cela, s'est fait de nombreux ennemis. C'est un héros qui prend de la place, au propre comme au figuré. Affublé d'un nez aussi vilain que protubérant, Cyrano n'ose avouer à sa cousine, la précieuse et délicate Roxane, qu'il est amoureux d'elle. Parce qu'elle ignore tout des sentiments de celui qu'elle considère avant tout comme un ami d'enfance, Roxane confie à Cyrano son amour pour Christian de Neuvillette, un jeune homme beau et timide qui perd tous ses moyens lorsqu'il s'adresse aux femmes. Roxane, femme exigeante et éprise de beau langage, ne conçoit d'aimer un homme sot ou terne, qui ne serait pas à l'aise avec les mots. Le généreux Cyrano accepte de prêter ses mots à Christian pour séduire Roxane. La pièce, flamboyante, traverse les époques et les lieux.

« Pendant que je restais en bas, dans l'ombre noire, D'autres montaient cueillir le baiser de la gloire ! » (acte V, scène 6)

Pour l'amour du verbe

Vous l'aurez compris, les mots et le langage fondent l'intrigue de *Cyrano de Bergerac* ! La pièce rappelle que celui sait manier les mots détient une forme de pouvoir.

La pièce commence par la représentation d'une pièce de théâtre, à l'hôtel de Bourgogne. Nous sommes plongés au sein d'un dispositif original, le théâtre dans le théâtre. Valvert, un des personnages secondaires, attaque maladroitement Cyrano sur son nez disgracieux. Ce dernier, piqué au vif, réplique : c'est la fameuse tirade du nez, qui répare et sublime ce nez outragé. Cyrano apparaît alors comme un personnage hors normes et un exceptionnel orateur. Il manie plusieurs registres de langue et figures de style, il emploie un vocabulaire précis et technique, des mots difficiles à prononcer (« conque », « Hippocampelephantocamelos »)… le tout accompagné de moult gestes !

Le nez le plus célèbre, à la scène comme à l'écran

Cyrano de Bergerac est aujourd'hui la pièce la plus célèbre du théâtre français. Elle fut plusieurs fois adaptée au cinéma (on se souvient notamment du film de Jean-Paul Rappeneau avec Gérard Depardieu dans le rôle-titre) et, si le cinéma et la postérité ont eu tendance à lisser le personnage de Cyrano en en faisant l'incarnation du sacrifice amoureux, il ne faut pas oublier les ambiguïtés ni les contradictions du personnage.

Rostand, un grand amoureux lui aussi

Si Cyrano est un personnage véritablement hors normes, son auteur ne l'est pas moins. Amoureux des femmes, passionné par le spectacle au sens large, Edmond Rostand vivait en constante représentation et il connut une vie sentimentale agitée. Né le 1er avril 1868, Rostand avait créé le « Club des natifs du 1er avril » le 1er avril 1888 pour permettre aux personnes nées ce jour d'entrer gratuitement dans tous les établissements publics et culturels.

M. Edmond Rostand et son interprète Constant Coquelin.

Lorsque le dramaturge écrit et monte *Cyrano de Bergerac*, le 28 décembre 1897, au théâtre de la Porte Saint-Martin, à Paris, il n'a que 29 ans et il n'est que très peu connu. On lui doit quelques succès honorables avec des pièces dans lesquelles joue Sarah Bernhardt, mais personne ne s'attend à une pièce d'un tel souffle – ni à un succès aussi phénoménal !

Car *Cyrano de Bergerac* constitue un immense succès, qui conduira Edmond Rostand à siéger à la Comédie française.

Edmond

L'histoire de cette pièce, de ce jeune écrivain et de son triomphe est si émouvante, et si belle – elle nous rappelle que la vie sait être malicieuse et nous inventer un destin – que le dramaturge Alexis Michalik lui a consacré une pièce, *Edmond*, écrite en 2016, qui est elle-même devenue un véritable succès. Alexis Michalik n'avait alors que trente-quatre ans.

CALLIGRAMMES, 1918

GUILLAUME APOLLINAIRE

Connaissez-vous le très étonnant destin et l'œuvre « extra-ordinaire » de Wilhelm Albert Włodzimierz Apollinary de Wąż-Kostrowicki, mieux connu le nom de Guillaume Apollinaire ?

Un étranger chez les artistes parisiens

Guillaume Apollinaire, ou Wilhelm donc, naît à Rome en 1880 d'une aristocrate polonaise et d'un militaire italien. Fils naturel, non reconnu par son père, il grandit avec son frère auprès de sa mère au sein d'un milieu cultivé, cosmopolite et aisé. Apollinaire fait ainsi ses études entre Cannes, Nice et Monaco, villes dans lesquelles sa mère tente de renflouer sa fortune au casino ! Il passe aussi par la Belgique, l'Allemagne et finit par s'installer à Paris. Guillaume Apollinaire se lance dans une activité foisonnante. Il est déterminé à devenir poète et critique d'art. Il est journaliste, chroniqueur, fonde des revues littéraires ou encore se lie d'amitié avec des artistes comme Max Jacob, Alfred Jarry et Picasso. C'est à cette époque qu'il rencontre la peintre Marie Laurencin, qui sera sa compagne entre 1907 et 1912.

Guillaume Apollinaire dans l'atelier de Pablo Picasso.

> Le 22 août 1911, la *Joconde* est volée au Louvre ! Pablo Picasso et Guillaume Apollinaire sont tous deux inquiétés. Apollinaire collectionne les sculptures africaines et il a en sa possession des pièces qui auraient été volées au Louvre en 1911 par son ami Géry Pieret. Il est emprisonné pendant cinq jours à la prison de la Santé et menacé d'expulsion en tant qu'étranger. Une pétition de soutien est lancée par ses amis artistes. Bien sûr, il n'y est pour rien et *Mona Lisa* est retrouvée deux ans plus tard. Mais Apollinaire reste marqué par l'expérience et par le sentiment de n'être qu'un étranger dans son pays d'adoption.

Quand la Première Guerre mondiale éclate, Apollinaire, bien qu'étranger, décide de s'engager.
Le 9 mars 1916, il est enfin naturalisé français, à l'issue d'une longue procédure. Mais il est bientôt blessé à la tête par un éclat d'obus et quitte le front.
Fragilisé par les gaz qu'il a respirés pendant la guerre, Apollinaire est emporté par la grippe espagnole en 1918. Il est considéré comme l'un des plus grands poètes français.

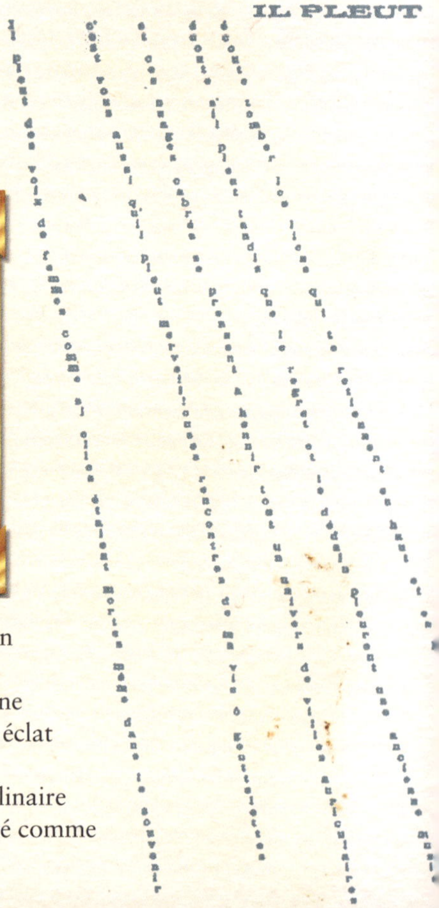

La liberté du poète

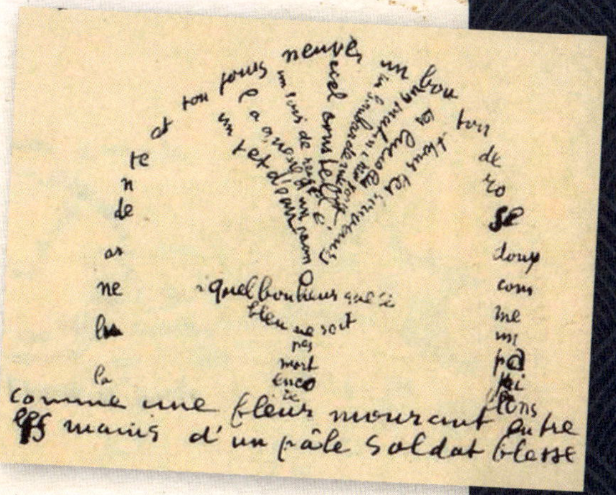

En 1913, Apollinaire publie le recueil *Alcools*, anthologie de ses plus beaux poèmes écrits depuis 1898. Le poète témoigne d'une grande maîtrise et d'une audace incontestable dans le maniement de la versification : par exemple, il supprime la ponctuation, et par ce simple fait, bouleverse les repères. De même, il travestit les sonnets en modifiant leur disposition (il arrive que treize vers soient collés et que seul le dernier se détache).
L'écrivain joue aussi avec les sonorités (« Soleil cou coupé »), emploie des expressions très populaires (« viens t'en Pâquerette »), des termes très modernes pour l'époque, tels que *prospectus*, *automobile*, *catalogue*, *sténodactylographe*, *hangar* ou *aéroplane* – une manière pour lui de transfigurer la modernité. Il invente également des mots ! De nombreux néologismes parcourent l'œuvre, comme *oiseau-lyre*, *demi-brume*, ou *râle-mourir*.

L'artiste-poète

C'est avec *Calligrammes*, recueil qui a pour sous-titre « Poèmes de la paix et de la guerre », publié en 1918, qu'il pousse la transformation du poème à son paroxysme. *Calligrammes* est une œuvre de fraternité et de résilience dans laquelle Apollinaire dénonce la guerre et célèbre la femme aimée. La plupart des poèmes de ce recueil sont disposés de façon classique, sur une page, mais plusieurs poèmes constituent des « calligrammes » – c'est Apollinaire qui invente le mot, comme il a inventé le mot *surréalisme* : les lettres et les mots qui constituent le poème sont disposées de façon à « dessiner » l'objet même du poème. Le poète joue sur la taille des lettres, leur police et leur aspect. Les calligrammes représentent aussi bien une cravate, une montre qu'un miroir ou un corps de femme. Certains calligrammes sont immédiatement identifiables et lisibles, d'autres sont bien plus complexes, fragmentés, et appellent à une vue et à une réflexion d'ensemble.

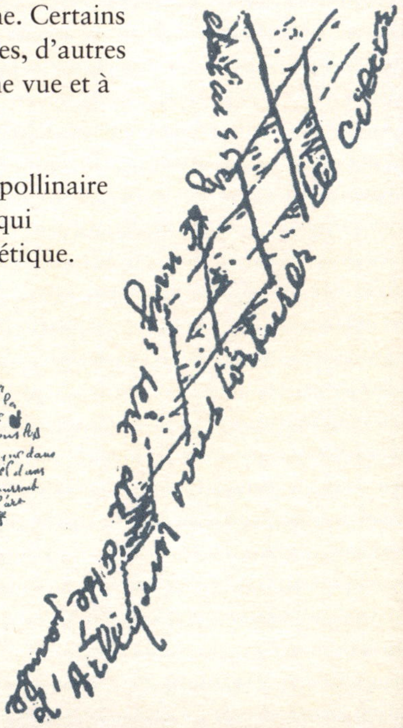

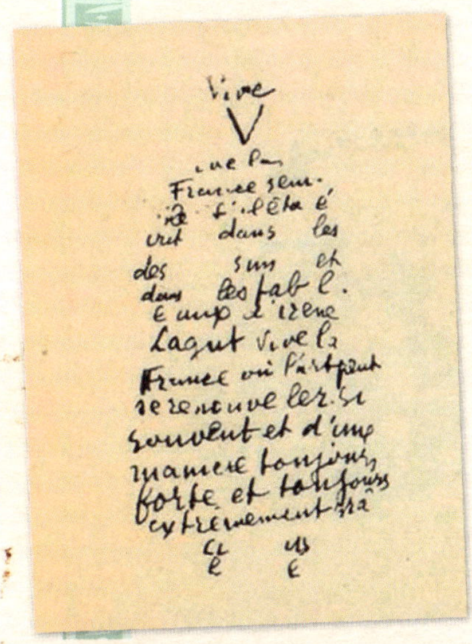

Pour les critiques littéraires, Apollinaire apparaît comme un prophète qui renouvelle totalement l'art poétique.

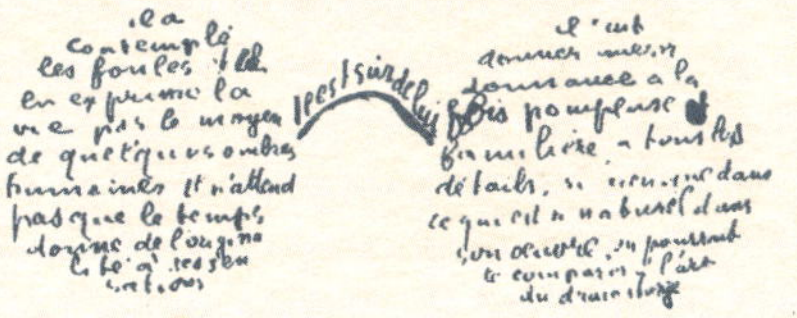

Zazie dans le métro, 1959

Raymond Queneau

Lire et dé-lire

« Auteur de *Zazie dans le métro* que j'ai vu adapté au cinéma, je suis né en 1903 au Havre et mort à Paris en 1976. Parce que j'aime les mathématiques, comme les jeux de langage, j'ai fondé l'Oulipo, « Ouvoir de Littérature potentielle », écrit *Cent mille milliards de poèmes*, mais aussi *Exercices de style*, deux livres dans lesquels je m'amuse à écrire et réécrire à l'infini. Qui suis-je ? Raymond Queneau bien sûr ! »

Faiseur de mots, artisan du style, Raymond Queneau est un romancier, poète et dramaturge qui donna à la fantaisie littéraire ses lettres de noblesse. Sous des aspects légers, ses livres témoignent d'un immense travail de création et de réflexion sur le langage. Chacun de ses ouvrages apparaît comme un petit laboratoire au sein duquel il va développer un concept.

Dans ***Exercices de style***, Queneau nous raconte de quatre-vingt-dix-neuf manières différentes la même histoire, dans laquelle on suit un jeune homme au long cou, dans un autobus de la ligne S. Queneau joue avec les registres et les styles littéraires, et il est très drôle de lire la même histoire racontée dans un style « Médical », « Précieux », « Injurieux » ou « Modern style » ! Son délire nous invite à dé-lire. *Exercices de style* a rencontré un écho particulièrement retentissant en Italie, peut-être parce qu'il fut traduit par un écrivain italien de renom, Umberto Eco.

Cent mille milliards de poèmes est un fascinant livre-objet dans lequel, en faisant bougeant des lamelles de papier, on parvient à créer différents poèmes. L'ensemble apparaît tel un nuancier qui permet une variation infinie d'histoires, un peu à la manière du jeu du cadavre exquis.

Les Fleurs bleues joue avec le langage, mais aussi avec l'Histoire. On y suit deux parcours en parallèle, celui de Cidrolin et celui du duc d'Auge. Cidrolin, héros contemporain de Queneau, habite sur une péniche et boit de l'essence de fenouil. Lorsqu'il s'endort, Cidrolin rêve du duc d'Auge, un seigneur qui vit d'abord au Moyen Âge, en 1264, avant de traverser le temps. Les deux hommes finissent par se rencontrer, mais Cidrolin et le duc d'Auge ne seraient-ils pas un seul et même personnage ? Qui est réellement cet alter ego, cet autre *je*, dont rêve Cidrolin ?

Le roman comporte de nombreux anachronismes puisque, dans l'univers du duc d'Auge, « les Huns préparaient des stèques tartares, le Gaulois fumait une gitane, les Romains dessinaient des grecques, les Sarrasins fauchaient de l'avoine, les Francs cherchaient des sols et les Alains regardaient cinq Ossètes. Les Normands buvaient du calva. » (*Les Fleurs bleues*, 1965)

D'ailleurs, le héros médiéval s'interroge : « – Tant d'histoire, dit le duc d'Auge au duc d'Auge, tant d'histoire pour quelques calembours, pour quelques anachronismes. Je trouve cela misérable. On n'en sortira donc jamais ? » (*Idem*)

Zazie, ou le pouvoir de l'insolence et la magie de l'intolérance

Chacun des romans de Queneau semble relever du jeu de pistes et du labyrinthe. C'est encore le cas de *Zazie dans le métro*, son plus célèbre roman, qui doit sa popularité à son attachante héroïne, aux jeux de mots de Queneau et à l'adaptation cinématographique très réussie qu'en fit Louis Malle.

Le premier mot du roman est en lui-même un poème. « Doukipudonktan ? » s'interroge le Parisien Gabriel. Ce personnage de trente-deux ans, qui aime la grenadine, qui se fait appeler le soir « Gabriella » dans un cabaret de Montmartre, s'est vu confier pour le week-end sa petite nièce, Zazie Lalochère. Provinciale de onze ans totalement délurée, pour ne pas dire franchement effrontée, Zazie s'est mis en tête de prendre le métro. Mais celui-ci est en grève ! Qu'à cela ne tienne, Zazie, qui passe son temps à dire des gros mots et rêve de devenir institutrice pour avoir « toujours des gosses à emmerder ». Elle va découvrir la capitale en taxi et aussi à pieds. Dans ce qui s'apparente à une véritable odyssée, Zazie découvre la tour Eiffel, les Invalides et une brasserie à République. Elle croise de nombreux personnages qui incarnent un Paris populaire et ont un langage souvent fleuri, tels que la serveuse Mado P'tits-Pieds, le perroquet Laverdure, le cordonnier Gridoux ou le guide du bus Fédor Balanovitch. Mais Zazie cherche surtout à percer le mystère qui entoure son oncle Gabriel. Serait-il « hormossessuel » ? Vit-il avec Marceline ou avec Marcel ?

Le jeu sur le langage se double d'une réflexion sur l'identité et les apparences, et *Zazie dans le métro* constitue un véritable éloge de la tolérance. Si Louis Malle prit quelques libertés avec le roman, notamment en rajeunissant Zazie, Raymond Queneau fut enchanté de cette adaptation dont le montage et le rythme tentaient de traduire le travail sur le langage opéré par Queneau. La petite Catherine Demongeot y est une irrésistible Zazie et le film devint une œuvre culte. Ainsi, Zazie est, et restera à jamais, pour beaucoup, une petite fille en pull orange courant partout dans Paris.

L'Écume des Jours, 1947

Boris Vian

Un appartement à l'image de Vian

À Paris, dans le XVIIIe arrondissement, au niveau du 94, boulevard de Clichy, se trouve la cité Véron. C'est au 6 bis de cette impasse étroite qu'a vécu l'écrivain Boris Vian, de 1953 à sa mort en 1959, avec sa seconde épouse, Ursula. Le petit appartement était un atelier situé au troisième étage, et le poète Jacques Prévert était son voisin. Tous deux partageaient la même terrasse donnant sur les toits du Moulin Rouge.

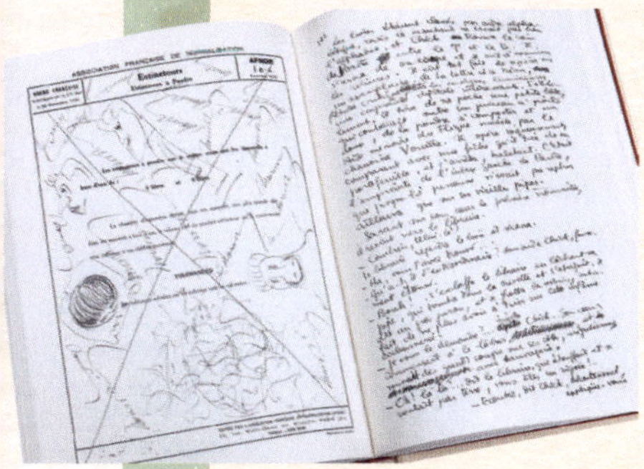

Après la mort de l'écrivain, qui survient dans sa quarantième année, son épouse songe à vendre l'appartement. Mais les nombreux amis de l'auteur, parmi lesquels Georges Brassens, lui conseillent de garder l'appartement, qui leur rappelle tant Boris. Ursula choisit donc de le conserver intact, dans son jus, et d'en faire un lieu à la mémoire de l'écrivain. Car si l'endroit évoque autant Boris, c'est que l'écrivain y avait laissé sa patte. Ingénieur de formation et fourmillant d'idées et de projets, compositeur de chansons, joueur de trompette, auteur de polars et de romans surréalistes, Boris Vian connut mille et une vies dont on retrouve la trace cité Véron. On peut ainsi y découvrir sa collection de vinyles, ses instruments et ses très nombreux outils.

D'ailleurs, cet appartement ne rappelle-t-il pas celui de Colin, le héros de *L'Écume des Jours* ? Récit d'un amour fou entre deux jeunes gens touchés par la tragédie, *L'Écume des Jours* entraîne le lecteur dans un univers onirique et décalé. La fantaisie cède peu à peu place à la satire dans cette fable grinçante où les audaces d'écriture sont omniprésentes. Son style semble avoir un rythme musical, et l'ensemble tient presque davantage du poème en prose que du roman classique, par ses images, fulgurances et trouvailles.

Cohabitation avec une souris

Le jeune Colin partage un grand appartement, qui donne sur l'avenue Louis-Armstrong, avec une petite souris grise à moustaches noires, qui est la première de ses confidentes. Féru de jazz, Colin est un jeune homme aisé qui a la chance de pouvoir vivre sans travailler. Conscient de ses privilèges, Colin s'applique à faire le bien et n'aime rien tant que pouvoir contribuer au bonheur de ceux qu'il aime. Faisant du quotidien une fête perpétuelle, Colin peut « percer un trou au fond de sa baignoire », créer d'étonnants breuvages au son d'un pianocktail, une machine qui se sert de la musique pour créer des boissons, mais aussi côtoyer une anguille intéressée par le dentifrice. Parce que le jeune homme danse aussi le biglemoi avec son cuisinier Nicolas, le quotidien de Colin ressemble sûrement beaucoup à celui que vivait Boris Vian ! Après avoir épousé la belle et la douce Chloé, Colin entame un combat perdu d'avance : dans les poumons de Chloé, un nénuphar s'est mis à pousser et fait entendre une « drôle de musique »…

p. 14

Code à noter : **13915**
13 = adresse de la galerie Cuisinier
9 = inscrit à droite de la double porte
15 = adresse de la galerie Mandarine

p. 15

Code à noter : 10
Reprenez 13915 et additionnez les chiffres. Mais ne comptez pas le 9 ainsi que le dit le petit papier : « tout ce qui n'est pas neuf ». 1 + 3 + 1 + 5 = **10**

p. 16

Code à noter : H10
La hache porte le numéro 10 (nombre trouvé précédemment). Initiale = **H**

p. 17

Code à noter : 8125
Quand on en manque, on n'a pas de chance = pot = **8**
Pour l'arroseur arrosé = arrosoir = **12**
Quand on est fou, c'est qu'on l'est devenu = marteau = **5**

p. 18-21 • **Le futur**

Mot à conserver : HYPERLIEN
Numéro de page de la Bible à noter : **18**
Additionnez les chiffres placés sous les lettres du mot à conserver :
1 + 1 + 3 + 4 + 2 + 1 + 2 + 3 + 1 = **18**

p. 22-25 • **La Cantilène de sainte Eulalie**

Mot à conserver : DEMOISELLE
Les trois mots en rouge veulent dire la même chose, « demoiselle », « jeune fille ».
Numéro de page de la Bible à noter : 30
Ordre des morceaux de texte : IX = 9, VII = 7, I = 1, II = 2
Petit calcul : (9 + 7 – 1) x 2 = **30**

9

Eulalie était une bonne jeune fille.
Elle avait le corps beau et l'âme plus belle encore.
Les ennemis de Dieu voulurent la vaincre ;
Ils voulurent lui faire servir le Diable.
Elle n'écoute pas les mauvais conseillers
qui lui demandent de renier Dieu qui demeure au ciel là-haut,
Ni pour de l'or, ni pour de l'argent, ni pour des bijoux
Ni par la menace ni par les prières du roi.
Rien ne put jamais la faire plier ni amener
La jeune fille à ne pas aimer toujours le service de Dieu.

7

Et pour cette raison elle fut présentée à Maximien
Qui était en ces temps-là le roi des païens.
Il lui ordonna, mais peu lui chaut,
De renoncer au titre de chrétienne.
Elle rassemble sa force.
Elle préfère subir la torture plutôt
Que de perdre sa virginité.

1

C'est pourquoi elle mourut avec un grand honneur.
Ils la jetèrent dans le feu pour qu'elle brûlât vite.
Elle n'avait pas commis de faute, aussi elle ne brûla point.
Le roi païen ne voulut pas accepter cela.
Avec une épée, il ordonna de lui couper la tête.
La jeune fille ne protesta pas contre cela.

2

Elle veut quitter le monde ; elle prie le Christ.
Sous la forme d'une colombe, elle s'envole au ciel.
Prions tous qu'elle daigne intercéder pour nous,
Afin que le Christ ait pitié de nous
Après la mort et nous laisse venir à lui
Par sa clémence.

p. 26-29 • Les *Lettres* de Mme de Sévigné
Mot à conserver : ÉPISTOLIÈRE

1re phrase (3) – Monsieur le maréchal, je vous prie, lisez ce petit madrigal, et voyez si vous en avez jamais vu un si impertinent.
2e (5) Parce qu'on sait que depuis peu j'aime les vers, on m'en apporte de toutes les façons.
3e (8) Le maréchal, après avoir lu, dit au Roi :
4e (10) – Sire, Votre Majesté juge divinement bien de toutes choses ; il est vrai que voilà le plus sot et le plus ridicule madrigal que j'aie jamais lu.
5e (1) Le Roi se mit à rire, et lui dit :
6e (9) – N'est-il pas vrai que celui qui l'a fait est bien fat ?
7e (7) – Sire, il n'y a pas moyen de lui donner un autre nom.
8e (2) – Oh bien ! dit le Roi, je suis ravi que vous m'en ayez parlé si bonnement ;
9e (6) c'est moi qui l'ai fait.
10e (4) – Ah ! Sire, quelle trahison ! Que votre majesté me le rende ; je l'ai lu brusquement.
11e (11) – Non, Monsieur le maréchal ; les premiers sentiments sont toujours les plus naturels.

Dans la 1re phrase, prenez la troisième lettre du verbe *avoir* = **E** (avez)
Dans la 2e phrase, prenez la première lettre de celui qui a bon dos = **O** (on)
Dans la 3e phrase, prenez la lettre qu'on trouve le plus fréquemment en majuscule = **R** (Roi)
Dans la 4e phrase, prenez la lettre qui commence le mot qu'on remplace par + = **P** (plus)
Dans la 5e phrase, prenez la voyelle du pronom réfléchi = **E** (se)
Dans la 6e phrase, prenez le pronom élidé = **L** (l')
Dans la 7e phrase, prenez la première lettre de la formule de politesse = **S** (Sire)
Dans la 8e phrase, prenez la dernière lettre de l'adjectif = **I** (ravi)
Dans la 9e phrase, prenez la pénultième lettre du dernier mot = **I** (fait)
Dans la 10e phrase, prenez la première lettre du crime = **T** (trahison)
Dans la 11e phrase, prenez la quatrième lettre du gradé = **E** (maréchal)

Numéro de page de la Bible à noter : 244
9 rondes = 10 x 4 = 40 temps
29 blanches = 29 x 2 = 58 temps
22 noires = 22 x 1 = 22
4 croches = 4 x 0,5 = 2 temps
Total des notes = 122
Avec le bis : 122 x 2 = **244**

p. 30-33 • *L'Écume des jours* de Boris Vian
Mot à conserver : CHAPEAU
C'est le seul vêtement ou accessoire qui n'est pas dessiné puisque le texte dit : « pas de chapeau ».
Numéro de page de la Bible à noter : 250
« Si on voit rouge... ça compte dix fois plus »
Compter les lettres des mots en rouge : **5 (veste) + 5 (dents) + 9 (baignoire) + 6 (souris)** = 25
Multipliez par 10 : 25 x 10 = **250**

p. 34-37 • *Calligrammes* de Guillaume Apollinaire

Mot à conserver : NÉOFRANCH

Le mot *néofranch* a remplacé le mot *sentinelle* du calligramme original « Toute grandeur » d'Apollinaire (« collines bleus en sentinelle »).

Numéro de page de la Bible à noter : 47

Le nombre apparaît lorsque l'on joint les points en écrivant les mots entre eux. Prévoir la double page en petit avec une flèche vers le mot « néofranch » et le nombre « 47 » tracé et rempli.

p. 38-41 • *Cyrano* d'Edmond Rostand

Mot à conserver : AMOUR

ROXANE.

Eh bien ! si ce moment est venu pour nous deux,
Quels mots me direz-vous ?

CYRANO.

Tous ceux, tous ceux, tous ceux
Qui me viendront, je vais vous les jeter, en touffe,
Sans les mettre en bouquet : je vous aime, j'étouffe,
Je t'aime, je suis fou, je n'en peux plus, c'est trop ;
Ton nom est dans mon cœur comme dans un grelot,
Et comme tout le temps, Roxane, je frissonne,
Tout le temps, le grelot s'agite, et le nom sonne !
De toi, je me souviens de tout, j'ai tout aimé :
Je sais que l'an dernier, un jour, le douze mai,
Pour sortir le matin tu changeas de coiffure !
J'ai tellement pris pour clarté ta chevelure
Que, comme lorsqu'on a trop fixé le soleil,
On voit sur toute chose ensuite un rond vermeil,
Sur tout, quand j'ai quitté les feux dont tu m'inondes,
Mon regard ébloui pose des taches blondes !

ROXANE, *d'une voix troublée.*

Oui, c'est bien de l'amour…

CYRANO.

Certes, ce sentiment
Qui m'envahit, terrible et jaloux, c'est vraiment
De l'**amour**, il en a toute la fureur triste !
De l'**amour**, – et pourtant il n'est pas égoïste !
Ah ! que pour ton bonheur je donnerais le mien,
Quand même tu devrais n'en savoir jamais rien,
S'il se pouvait, parfois, que de loin, j'entendisse
Rire un peu le bonheur né de mon sacrifice !

Numéro de page de la Bible à noter : 666

On peut compter six masques, six pommes d'amour et six épées.

p. 42-45 • **Les Serments de Strasbourg**

Mot à conserver : VOL

Si vous mettez en parallèle le texte original et sa traduction en français moderne, vous pouvez compléter la phrase en rouge :

amur / dunat / savir et podir / in cadhuna cosa

L'amour / donnera / le savoir et le pouvoir / en toute circonstance.

VOL est le mot inutilisé parmi les mots en rouge dans le texte original.

Numéro de page de la Bible à noter : 21

Comptez les lettres des mots en vert et notez-les.

1 4 / 0 2 / 8 4 2

Puis additionnez les chiffres : 1 + 4 + 2 + 8 + 4 + 2 = **21**

p. 46

Code à noter : 49

Mon premier est à garder, il est rangé sur une étagère : **LIVRE**

Mon deuxième, c'est l'objet sur l'étagère qui permet de le faire : **LIRE**

Mon troisième fait sa sauce : **LIE**

Mon quatrième est le troisième homme français : **IL** (pronom personnel masculin)

Mon tout est un nombre romain : **49** (I = 1 ; L = 50 ; 50 – 1 = 49)

p. 47

Code à noter : 52

Le code que vous n'aviez pas encore utilisé est H10. Au pied du 10 se trouve le nombre 52.

C'est là que se trouve la porte secrète qui vous permettra de continuer.

p. 48-51 • **L'*Encyclopédie* de Diderot**

Mot à conserver : ARABE

Certains mots ont un chiffre arabe à côté d'eux. Le chiffre arabe à côté d'eux permet de prendre une lettre dans chacun de ces mots.

Artichaut : 1re lettre = **A**

Perruque : 3e lettre = **R**

Sombrero : 4e lettre = **B**

Orange : 6e lettre = **E**

Calèche : 2e lettre = **A**

Numéro de page de la Bible à noter : 265

Calculez le total des numéros de figure des mots d'origine arabe :

51 (bougie) + 52 (carafe) + 53 (orange) + 54 (raquette) + 55 (abricot) = **265**

p. 52

Code à noter : 333

C'est le nombre qui apparaît une fois que vous avez réussi à faire le pliage du poisson !

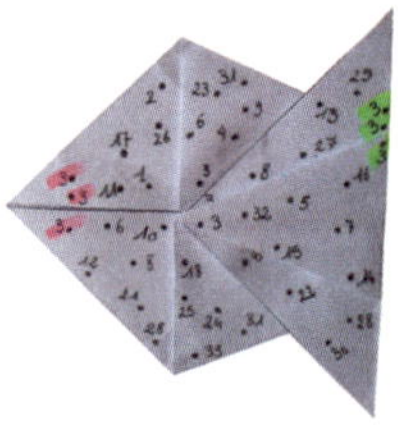

p. 54-57 • *L'Île de la félicité* de Mme d'Aulnoy

Mot à conserver : VERBE

Tous les mots comportant des erreurs sont des verbes.

Une jeune princesse d'une beauté infinie était souveraine d'une île où rien ne ~~manqué~~ manquait de ce qui fait les désirs de tous les hommes ; les maisons y étaient couvertes de lames d'or, et les temples et les palais en étaient ~~paver~~ pavés.
Les habitants de l'île vivaient en parfaite santé chacun plus d'un siècle, et cette longue vie n'était ~~troublé~~ troublée ni par les procès, ni par les querelles : l'on n'y ~~joué~~ jouait pas à ces jeux si pleins de tumulte que l'avarice a ~~inventer~~ inventés ; on y songeait seulement à prendre des plaisirs tranquilles, qui n'~~écouter~~ écoutaient ni soin, ni inquiétude. Cette île avait toujours été inconnue au reste des hommes ; on s'y trouvait si heureux, qu'on n'en voulait pas sortir, et l'on n'y voulait pas recevoir d'étrangers, de peur qu'ils ne corrompissent les mœurs innocentes des habitants. Les hommes de ce temps-là, qui avaient été si curieux de faire des découvertes avaient passé et ~~repassée~~ repassé auprès de l'île sans en avoir eu la moindre connaissance...

Numéro de page de la Bible à noter : 566

Date de publication en chiffres romains : M DC XCVIII = 1698

1698 / 3 = **566**

p. 58

Code à noter : 1982

p. 60-63 • *Gargantua* de François Rabelais

Mot à conserver : CENACLE

1 2 P	O	U	A	C	R	E					
O											
C											
3 H	E	G	R	O	N	N	E	A	U		
E											
4 C	I	G	O	U	I	N	G	N	E		
U										5 T	
L			6 7 F	R	A	N	C	O	L	Y	
L			O							R	
I			U							A	
E			L				8 C	A	N	N	E
R			Q							S	
E	9 P	L	U	V	I	E	R			O	
			E							N	

1. « Pouah, sale **POUACRE**, tu ne sens pas que tu pues ? »
2. « Espèce de **POCHECULLIERE**. T'es un tel crève-la-dalle que t'as toujours ta cuillère dans ta poche ! »
3. « Ouh, le **HEGRONNEAU**, le gros nono ! »
4. « Oh, la **CIGOUINGNE** ! T'as le cou tellement long qu'on pourrait faire des nœuds avec ! »
5. « Non, mais, pour qui i's'prend ce **TYRANSON**, un vrai despote ! »
6. « Menteur de **FRANCOLY**, y'a qu'au lit que tu dis la vérité ! »
7. « Le **FOULQUE**, t'es vraiment fou ? »
8. « Et elle, la **CANNE**, elle a perdu un *n* en vieillissant ! »
9. « Alors, le **PLUVIER**, tête d'évier... »

Lettres des cases grises : C A C E N L E

Numéro de page de la Bible à noter : 88
16 (bœufs) + 32 (veaux) + 63 (chevreaux) + 95 (moutons) + 300 (gorets de lait) + 1400 (levraux) + 11 (sangliers) + 18 (bêtes fauves) + 1 (le texte p. 56 dit : « on en ajoutera un de plus ») = 1936 animaux à se partager
Il y a 22 convives : 1936 / 22 = **88** chacun

p. 64-67 • ***Le Roman de la Rose*** **de G. de Lorris et J. de Meung**
Mot à conserver : TEMPS
C'est la réponse à la devinette, le temps s'écoule, on a des pertes ou des gains de temps... C'est aussi le thème du poème : Li Tens = Le Temps.

Numéro de page de la Bible à noter : 45

				2	3	9	6	8	7	4	5	1
				6	4	5	3	9	1	2	7	8
L		J		8	7	1	5	4	2	6	3	9
	E			7	2	3	4	1	5	9	8	6
	U	G		9	6	4	7	2	8	5	1	3
N			M	5	1	8	9	3	6	7	2	4
				4	9	2	1	7	3	8	6	5
				1	8	6	2	5	4	3	9	7
A		I		3	5	7	8	6	9	1	4	2

Prénoms des auteurs : GUILLAUME et JEAN
Date du début de la rédaction du Roman de la Rose : lettres de JEAN (cases en vert sur la grille) = 1235
1280 – 1235 = **45**

p. 68-71 • *La Petite Fadette* de George Sand

Mot à conserver : SORCIERE
L'indice dans le texte est « si on n'est pas un peu sorcier ». Mais la mère Fadet est une femme, donc un peu sorcière !

Numéro de page de la Bible à noter : 286
Le mot codé est REMÈDE (selon l'alphabet du Thébain).
Si on le chiffre avec l'alphabet des sorts, utilisé par les devins, on obtient :
153 + 15 + 78 + 15 + 10 + 15 = **286**

p. 72-75 • *Le Livre de la Cité des Dames* de Christine de Pizan

Mots à conserver : DES GENS
advisé / avisé → **D**
chamberiere / chambrière → **E**
fist / fit → **S**
DES

besongne / besogne → **N**
beneist / bénit → **ES**
prengne / prenne → **G**
GENS

Numéro de page de la Bible à noter : 361
Le **3** est caché dans le carrelage sous le pupitre de l'enseignante.
Le **6** est accroché au mur, c'est un miroir.
Le **1** est dissimulé dans un renfoncement du mur en train d'être construit.
Ordre des chiffres : on commence par en bas et on les prend dans le sens des aiguilles d'une montre, comme le dit la fausse citation de la page 66, dernier paragraphe du texte.

p. 76-77

Code à noter : 3698

C'est la somme de tous les numéros des pages de la Bible de Gutenberg que vous avez découverts tout au long du jeu et que vous avez dû noter dans votre carnet.

Déclaration de la présidente de la Région France
à l'occasion du 700e anniversaire de la publication de la Bible de Gutenberg
en présence de la ministre de la Culture et de la Communication de l'Europe

Le 23 février 2155

Aujourd'hui, un **cénacle** composé des plus grands spécialistes de linguistique va nous présenter la première encyclopédie écrite en **néofranch**.

Il y a tout juste 100 ans, le 23 février 2055, la France célébrait la publication de la première Bible traduite dans cette même langue et son introduction à la Bibliothèque Mazarine. Elle annonçait par la même occasion le 600e anniversaire de l'achèvement de la première Bible de Gutenberg le 23 février 1455.

Le succès remporté par ce **livre** renforça notre **vo**lonté d'**abandonner** sans **regret** une langue qui ne répondait plus aux besoins d'un futur commun. Ainsi, tout le monde eut le bonheur de lire ou de relire dans une langue modernisée les joyaux de nos écrivains nationaux, les romans d'**amour**, ou de nos écrivaines **épistolières**, témoins de leur **temps**.

Un de nos académiciens a dit très justement que « la langue est une **sorcière** ». Comme par enchantement, beaucoup d'autres pays changèrent aussi de langue, comme ce fut le cas pour l'**arabe**, pourtant très répandu.

Grâce à l'adoption de cette nouvelle langue, le même **verbe** réunit **des gens** du monde entier. Pour remercier ces linguistes géniaux, je ne leur dirai qu'un mot : **chapeau** !

p. 78-81 • ***Zazie dans le métro* de Raymond Queneau**

Mot à conserver : ABANDONNER

Solution du rébus : note de musique « la » ; note « ré » ; laque ; homme ; chat ; culot ; lait ; banc ; note « do » ; nez.

Soit : (Découvrez) la raison pour laquelle cet homme Charles a eu le culot de les abandonner. C'est une citation du roman.

ABANDONNER est le mot commun entre les deux publicités.

Numéro de page de la Bible à noter : 643

C'est le numéro de page à laquelle est ouverte la Bible de Gutenberg dans sa vitrine, la première page du Tome 2, la page du milieu de l'ouvrage, qui en contient 1 286 (voir page 52-53).

p. 82-85 • *Les Regrets* de Joachim du Bellay

Mot à conserver : REGRET

Et je pensais aussi ce que pensait Ulysse,
Qu'il n'était rien plus doux que voir encore un **JOUR**
Fumer sa cheminée, et après long séjour
Se retrouver au sein de sa terre **NOURRICE**
Je me réjouissais d'être échappé au **VICE**,
Aux Circés d'Italie, aux Sirènes d'**AMOUR**
Et d'avoir rapporté en France à mon **RETOUR**
L'honneur que l'on s'acquiert d'un fidèle **SERVICE**.
Las ! mais après l'ennui de si longue **SAISON**
Mille soucis mordants je trouve en ma **MAISON**,
Qui me rongent le cœur sans espoir d'**ALLÉGEANCE**
Adieu donques, Dorat suis encor **ROMAIN**
Si l'arc que les neuf Sœurs te mirent en la **MAIN**
Tu ne me prête ici, pour faire ma **VENGEANCE**.

Numéro de page de la Bible à noter : 168

Ballade	À l'origine, un poème chanté. 3 couplets et une demi-strophe + un vers de refrain.
Épître	Sous la forme d'une lettre, d'une déclaration, d'une pensée philosophique. Pas de contrainte particulière.
Sonnet	2 strophes de 4 vers (2 quatrains) + 2 strophes de 3 vers (1 sizain). Vers de 12 pieds, rimes embrassées et rimes croisées.
Ode	7 strophes de 5 vers. Rimes.

14 (vers) x 12 (pieds) = **168**

Annexes

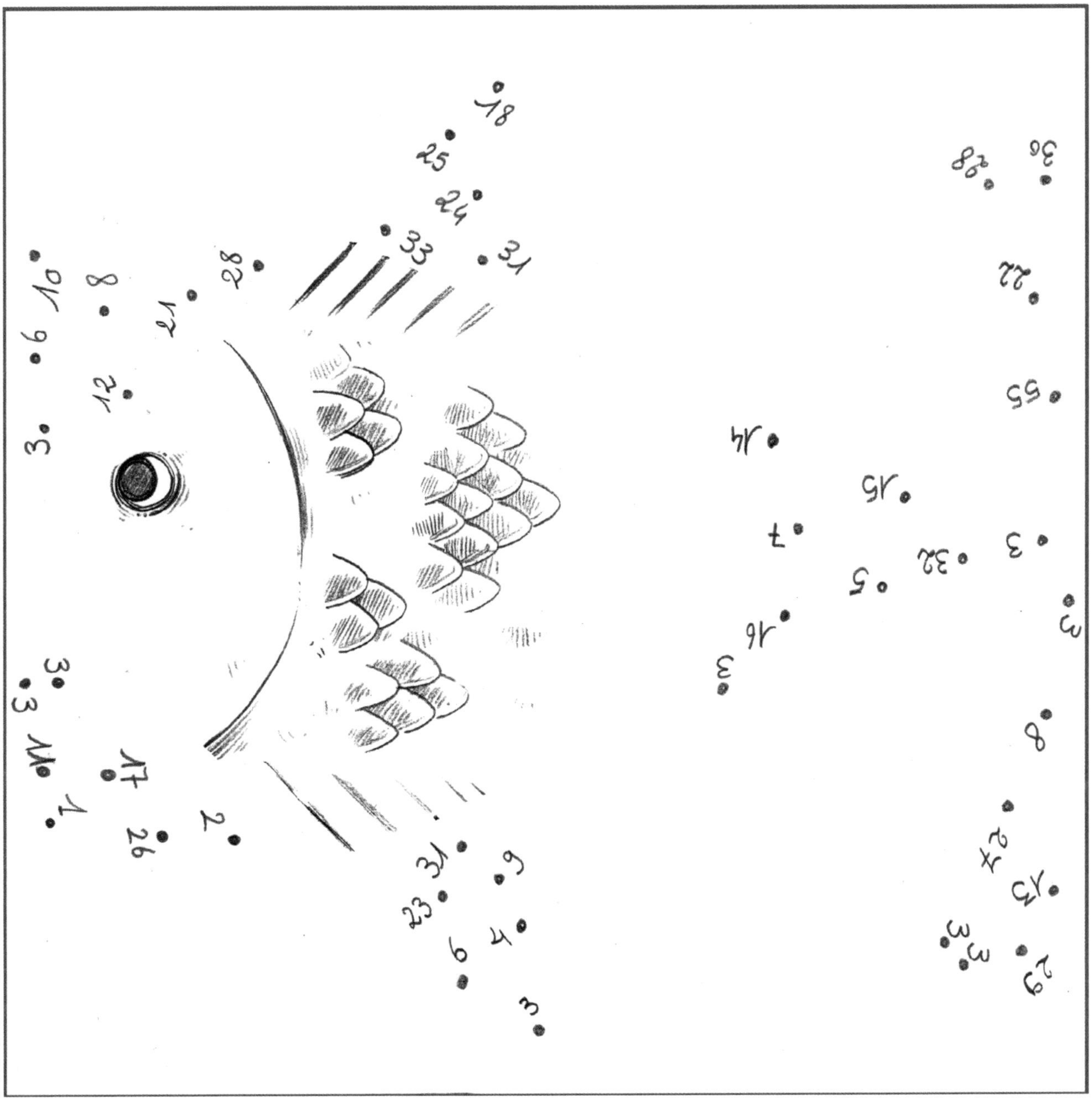

À utiliser p. 52 avec le tutoriel p. 59.

CODE DU THÉBAIN

LIBER TERTIVS, CCLXXIII.

non habet,præter arbitrium & autoritatem inſtituentis, illius inquam,qui huiuſmodi literarum inſtituendarum & cõſecrandarum acceperit poteſta tem, cuiuſmodi apud diuerſas nationes & religionum ſectas plures fuerũt ſacrorum antiſtites,quorum inſtituta ad nos non peruenerũt, præter pau ca quædam ſparſim aut per fragmẽta ab autoribus tradita. Ex horum itaq; characterum genere ſunt,quos notat Petrus Apponus ab Honorio Theba no traditos,quorum figura eſt talis ad noſtrum alphabetum relata:

À utiliser p. 68-71.

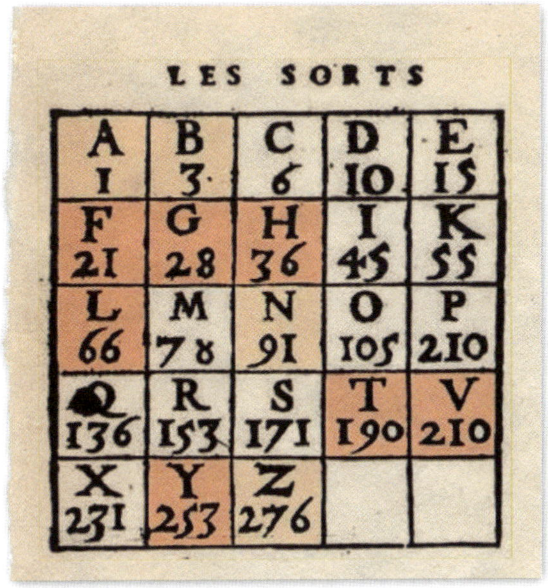

LES SORTS

A 1	B 3	C 6	D 10	E 15
F 21	G 28	H 36	I 45	K 55
L 66	M 78	N 91	O 105	P 210
Q 136	R 153	S 171	T 190	V 210
X 231	Y 253	Z 276		

CHIFFRES ROMAINS

I = 1
II = 2
III = 3
IV = 4
V = 5
VI = 6
VII = 7
VIII = 8
IX = 9
X = 10
XI = 11
XIV = 14
XIX = 19
XX = 20
XL = 40
L = 50
LIX = 59
LXII = 62
XC = 90
C = 100
CL = 150
D = 500
M = 1 000

À utiliser p. 46 et p. 54-57.

CHIFFRES ARABES

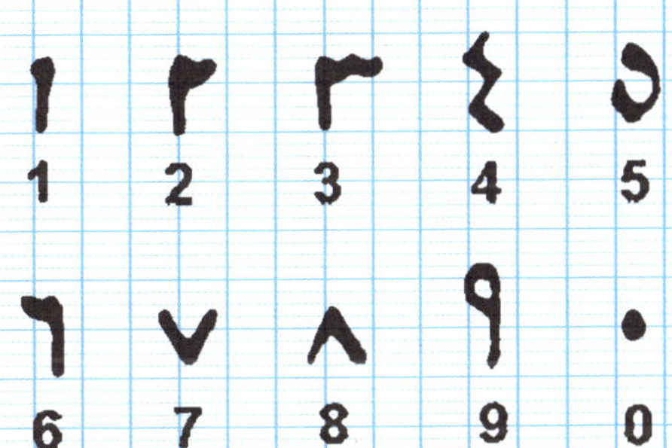

À utiliser p. 48-51.

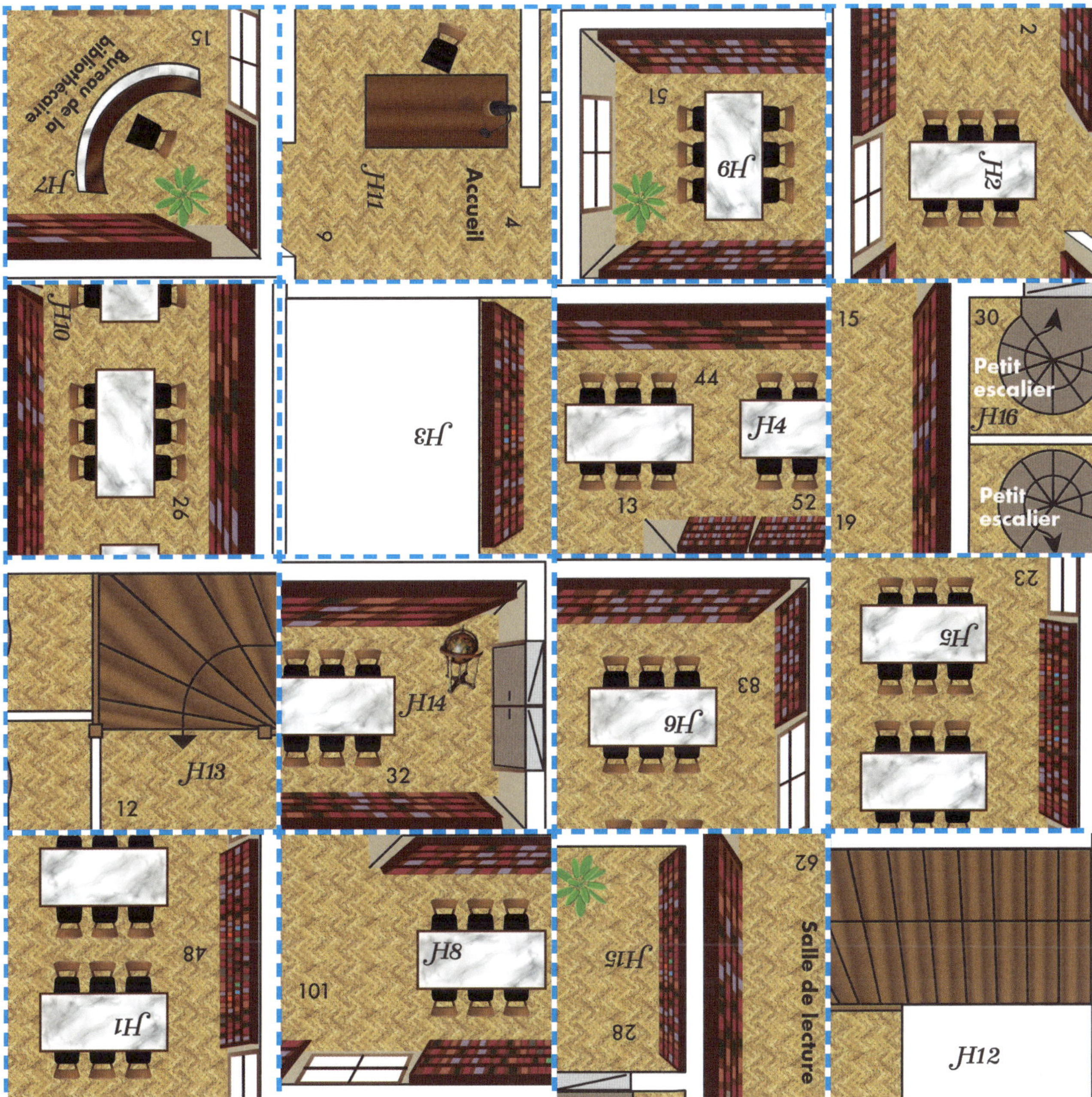

À utiliser p. 47.

p. 14
La rue est pleine d'indices. Regardez attentivement les portes.

p. 15
Servez-vous du nombre que vous avez trouvé précédemment et faites le calcul indiqué sur le papier de Serge.

p. 16
Pour trouver l'outil, servez-vous du nombre trouvé précédemment et que vous n'avez pas encore utilisé. Ensuite, faites ce que dit le papier de Serge.

p. 17
Trouvez dans le cabanon les trois objets correspondant aux devinettes.

p. 18-21 • **Le futur**
Mot à conserver : Essayez de former un mot de 9 lettres qui commence par H et 144se termine par N.
Numéro de page de la Bible à noter : Il n'y a pas que des lettres sur l'écran. Servez-vous du mot que vous venez de trouver.

p. 22-25 • **La *Cantilène de sainte Eulalie***
Mot à conserver : Quelle est la traduction des mots en rouge (*pulcella*, *polle* et *domnizelle*) en français moderne ?
Numéro de page de la Bible à noter : Servez-vous des vitraux et des mots en gras noir dans le parchemin pour reconstituer l'histoire d'Eulalie.

p. 26-29 • ***Les Lettres* de Mme de Sévigné**
Mot à conserver : 1er indice Le dialogue est tout en vrac, remettez-le dans l'ordre.
2e indice
Le mot à trouver n'est pas courant. Il est de la même famille que « épistolaire ».
Numéro de page de la Bible à noter : Quelle est la durée du premier couplet de ce madrigal ?

p. 30-33 • ***L'Écume des jours* de Boris Vian**
Mot à conserver : Quand on est en colère, on le mange ; quand on est fier, on le tire ; il arrive aussi qu'on le porte pour les autres.
Numéro de page de la Bible à noter : Tout est écrit dans la salle de bain.

p. 34-37 • ***Calligrammes* de G. Apollinaire**
Mot à conserver : Un néologisme s'est caché dans un calligramme de la page 34.
Numéro de page de la Bible à noter : Un calligramme est amorcé, servez-vous des indices rouges pour le terminer.

p. 38-41 • ***Cyrano* d'E. Rostand**
Mot à conserver : Il en manque un dans la liste pour compléter les tirades. Et en plus, il est utilisé deux fois !
Numéro de page de la Bible à noter : Il y a des objets bien cachés, d'autres moins. Et on compte trois fois le même nombre d'objets.

p. 42-45 • **Les Serments de Strasbourg**
Mot à conserver : Quelle chance, vous disposez du texte original et de sa traduction en français moderne ! Cherchez les équivalents en français moderne des mots en rouge et écrivez-les sur les tirets rouges.
Numéro de page de la Bible à noter : Que pourriez-vous faire avec les lettres de ces mots en vert ? Vous cherchez une date.

p. 46
Vous avez reconstitué le plan de la bibliothèque ? Cherchez dans vos notes un code que vous n'avez pas encore utilisé.

p. 47-51 • ***L'Encyclopédie* de D. Diderot**
Mot à conserver : Cette planche contient des mots d'origines diverses. Une origine nous intéresse tout particulièrement. Servez-vous de ce que vous avez récupéré, page 139. Les chiffres étrangers vont vous aider à trouver quelles lettres utiliser dans ces mots d'origines étrangères diverses.

Numéro de page de la Bible à noter : Avez-vous trouvé ces cinq mots intéressants ? Faites le total.

p. 52

Si vous avez fait le pliage soigneusement, vous allez voir trois chiffres rassemblés au milieu du poisson et les trois mêmes chiffres au niveau de sa bouche.

p. 54-57 • *L'Île de la félicité* de Mme d'Aulnoy

Mot à conserver : Tous ces mots que vous avez corrigés, à quelle classe grammaticale appartiennent-ils ?
Numéro de page de la Bible à noter : Quelle est l'année de publication de cet ouvrage ?

p. 60-63 • *Gargantua* de F. Rabelais

Mot à conserver : 1er indice Les noms d'oiseaux volent bas entre certains convives !
2e indice
Exceptionnellement, parce qu'il est difficile, le mot à trouver est caché page 62.
Numéro de page de la Bible à noter : Combien y a-t-il de convives au banquet et combien d'animaux chacun d'eux va-t-il manger en entrée, selon le menu de Gargantua ?

p. 64-65 • Le *Roman de la Rose* de G. de Lorris et J. de Meung

Mot à conserver : Il y a une inscription sur le manteau de la cheminée et ils en ont fait tout un poème.
Numéro de page de la Bible à noter : Un des moines est en train de faire une grille, il va peut-être vous aider à compléter les prénoms des auteurs et à trouver en quelle année le livre a été commencé.

p. 68-71 • *La Petite Fadette* de G. Sand

Mot à conserver : Il y a un indice dans le dernier paragraphe du texte.
Numéro de page de la Bible à noter : George Sand a noté un mot codé sur un coin de son carnet. C'est peut-être ce que la vieille femme est venue lui apporter. Et quelle serait la valeur de cette chose pour un devin ? Vous disposez de deux codes, récupérés page 131 ! Utilisez l'un, puis l'autre.

p. 72-75 • *Le Livre de la Cité des Dames* de C. de Pizan

Mot à conserver : Il y a plus de lettres dans les mots en ancien français que dans les mots équivalents en français moderne. Certaines lettres ont disparu au cours du temps et pourraient bien vous être utiles.
Numéro de page de la Bible à noter : Regardez bien l'enluminure (l'illustration) p. 73. Vous trouverez également deux indices dans le dernier paragraphe du texte p. 72.

p. 76-77

C'est la somme de tous les numéros des pages de la Bible de Gutenberg que vous avez découverts tout au long du jeu et que vous avez dû noter dans votre carnet. C'est un simple calcul de vérification.

p. 78-81 • *Zazie dans le métro* de R. Queneau

Mot à conserver : Déchiffrez le rébus, puis cherchez le mot commun aux deux affiches.
Numéro de page de la Bible à noter : Au début de votre aventure dans le temps, vous avez déjà ouvert la Bible dans le présent.

p. 82-85 • *Les Regrets* de J. du Bellay

Mot à conserver : Le poète est plein d'inspiration, les mots coulent de sa bouche.
Numéro de page de la Bible à noter : Combien y a-t-il de pieds dans un sonnet ?

Index des codes

10	Allez page 16
13	Allez page 1640.
18	Allez page 42.
21	Allez page 22.
27	Mauvais calcul.
28	Calcul incomplet.
30	Allez page 64.
40	Erreur de calcul.
45	Allez page 72.
47	Allez page 60.
49	Avant de continuer page 47, allez chercher un plan page 141.
52	Allez page 58.
88	Allez page 82.
121	Calcul incomplet.
136	Vous ne l'avez pas pris par le bon bout.
168	Allez page 26.
244	Allez page 54.
265	Allez page 68. Au passage, allez p. 139 chercher deux codes qui pourraient s'avérer utiles.
250	Allez page 48. Regardez p. 139 en passant, voir si quelque chose ne pourrait pas vous être utile.
286	Allez page 38.
333	Continuez page 53.
361	Allez page 34.
566	Allez page 30.
643	Bravo ! Allez page 76.
613	Vous ne l'avez pas pris par le bon bout.
666	Allez page 78.
858	Mauvais calcul.
1640	Cette page n'existe pas encore, allez page 18.
1982	Avant de vous rendre page 52, passez prendre un accessoire utile page 137.
3698	Bravo encore, vous avez bien accompli toutes les épreuves. Continuez page 77.
8125	Allez page 46.
13915	Continuez page 15.